AF611489

PHYSIOLOGIE ET CLASSIFICATION

DU

CORPS ÉLECTORAL

(Etude sociale)

SOCIALISME

CAPITALISME

ET

SUFFRAGE UNIVERSEL

RAR

PAUL BOILLEY

PRIX : 1 fr. 50

EN VENTE :

Librairie de la REVUE SOCIALISTE
43, RUE DES PETITS-CARREAUX, 43

ET

Librairie de la SEMAINE FRATERNELLE
326, RUE DE VAUGIRARD, 326

SOCIALISME, CAPITALISME
ET
SUFFRAGE UNIVERSEL

DU MÊME AUTEUR :

La Crise ouvrière.................... 0 fr. 50
La Journée de huit heures........... 0 fr. 50

LA REVUE SOCIALISTE

Benoit **MALON**, directeur-gérant, **J. DAUMAS**, administrat.-délégué.

43, RUE DES PETITS-CARREAUX, 43.

ABONNEMENTS :

France : 3 mois, 3 fr. — 6 mois, 6 fr. — Un an, 12 francs.
Etranger : 3 m., 3 fr. 50. — 6 m., 7 fr. — Un an 14 francs.

LA SEMAINE FRATERNELLE

JOURNAL REPUBLICAIN NATIONAL
Illustré

Politique. — Science. — Philosophie. — Morale. — Socialisme. — Théophilanthropie. — Franc-Maçonnerie. — Libre-Pensée. — Coopération. — Réformes sociales. — Voyages, Littérature, ect.

PARAISSANT LE DIMANCHE

Prix de l'abonnement :

Un an, **6 fr.** — Six mois, **3 fr. 50** — Trois mois, **2 fr.**

Rédacteur en chef : DÉCEMBRE-ALONNIER

326, RUE DE VAUGIRARD, 326
PARIS

PHYSIOLOGIE ET CLASSIFICATION
DU
CORPS ÉLECTORAL

(Etude sociale)

SOCIALISME

CAPITALISME

ET

SUFFRAGE UNIVERSEL

RAR

Paul BOILLEY

PRIX : 1 fr. 50

EN VENTE :

Librairie de la REVUE SOCIALISTE
43, RUE DES PETITS-CARREAUX, 43
ET
Librairie de la SEMAINE FRATERNELLE
326, RUE DE VAUGIRARD, 326

CHAPITRE PREMIER

POSITION DE LA QUESTION.

SOMMAIRE : But de cette étude. — Sujet toujours actuel. — Type théorique du suffrage universel. — Forces qui s'agitent en lui. — Réduction à deux principes opposés. — Capitalisme. — Socialisme. — Socialisme pris dans une acception générale, abstraction faite de toute école. — Lutte des deux principes pour la conquête du suffrage universel. — Alternatives du combat. — Application encore à faire de la souveraineté du peuple. — Théorie du mandat. — Désaccord entre la théorie et les faits. — Conclusion. — Deux partis et conséquemment deux courants dans le suffrage universel. — Inconséquence des résultats. — Les députés ne sont pas à l'unisson avec le pays. — De là, piétinement sur place. — Choix surprenants du suffrage universel. — Celui-ci reste, malgré ses imperfections, la loi de l'avenir. — Position instable du suffrage universel. — Classification nécessaire par couches en fonction des deux partis.

Le but de cette étude n'est pas d'exposer la théorie et l'histoire du suffrage universel, pas plus que d'en déduire la légitimité en tant que principe; ce sont là des points sociologiques depuis longtemps hors de discusion. Nous nous donnons pour tâche d'analyser le suffrage universel, tel qu'il fonctionne aujourd'hui dans notre pays, avec ses écarts, ses soubresauts, ses imperfections et aussi, avec ses élans patriotiques et humanitaires, qui compensent quelquefois si largement, les faiblesses de son inexpérience.

Nous en parlerons avec la plus entière indépendance comme en peut parler tout homme, qui, n'ayant aucune ambition personnelle, ne demande rien, ne brigue rien, et peut conséquemment, conservant son franc-parler, dire hardiment ce qu'il croit être la vérité, dût-elle déplaire.

Le suffrage universel est le pivot sur lequel roule, ou plus exactement est censé rouler notre société soi-disant démocratique.

Montrer les éléments qui le constituent, les motifs qui déterminent ses actes, les aspects divers sous lesquels il se manifeste, c'est éclairer un problème de physiologie politique d'un intérêt toujours actuel, et travailler à la solution de la mystérieuse équation qui recèle l'avenir.

Le suffrage universel considéré en soi, dans sa plus haute conception théorique, se présente comme le régulateur suprême du mouvement social, le promoteur et l'exécuteur de tout progrès politique. C'est à cet idéal, à cette utopie, diront quelques-uns, que doit être rapporté le suffrage universel qui fonctionne de nos jours et que doivent être recherchés les mobiles divers qui l'écartent ou le rapprochent de la pureté du type, mobiles résultant de la constitution intime des différentes couches sociales qui prennent part à son fonctionnement.

Toute phase sociale, bonne ou mauvaise, est poussée par une phase future qui se prépare à la remplacer. — C'est la loi d'évolution universelle qui se rencontre dans l'ordre politique, aussi bien que dans les phénomènes purement physiques et dans les manifestations morales.

Bien que la phase que nous traversons, semble résulter d'un nombre infini de nuances, de sentiments contradictoires, (ce qui est du reste le propre des sociétés vieillies touchant à leur décadence), il est cependant possible de totaliser toutes ces unités et de reconnaître dans ce total, deux grandes fonctions composantes, relevant chacune d'un principe opposé et rival. Fractions en lutte permanente dans le champ de bataille du suffrage universel et dont les échecs et les victoires marquent la marche de l'ensemble du corps politique en évolution.

La première fraction domine la phase sociale qui est en voie de dépérissement; tous ses efforts tendent non pas à acquérir plus de puissance, mais simplement à prolonger son existence menacée.

Cette catégorie sociale se qualifie elle-même de *conservatisme*, et ses adversaires la désigne sous les noms de *réaction, bourgeoisisme, capitalisme, oligarchie bourgeoise*, selon que l'acception est prise dans le sens politique ou dans le sens économique.

La seconde fraction prépare la phase qui s'efforce de prendre la place et de sortir des spéculations de l'utopie, pour passer à l'état de fait social. C'est la fraction démocratique dans le sens complet du mot.

Son principe, l'opposé, l'antithèse du capitalisme, ne peut être caractérisé que d'un seul nom, le *socialisme*.

A notre époque, on fait souvent un si étrange abus des mots, qu'il est utile de préciser cette appellation.

Nous nous servons de l'expression *socialisme*, parce que nulle autre n'indique mieux le travail actuel d'évolution, et, parce qu'en outre, le *socialisme* s'est posé en adversaire résolu du *capitalisme*, en soulevant des questions politiques et économiques d'une immense portée, par exemple : la transformation de l'impôt, l'organisation du travail et la répartition équitable de ses produits, la séparation du spirituel et du temporel etc., etc...

Abstraction complète est ici faite de toutes les écoles qui, à tort ou à raison, prétendent marcher sous la bannière du socialisme, que leur nom soit : communisme, collectivisme, possibilisme, marxisme, collinsianisme, parti ouvrier, voir même anarchisme, nihilisme ou révolution.

Qui pourrait dire d'ailleurs sous laquelle de ces formes plus ou moins modifiée, plus ou moins perfectionnée, se présentera l'ère nouvelle ? N'est-il pas probable que chacune apportera sa quote-part d'idée : sa parcelle de vérité, mais qu'aucune ne prédominera entièrement parce qu'aucune n'a la vérité complète.

Ce qui est certain, c'est que le germe de l'avenir est de ce côté : quel sera exactement le fruit, nul ne le sait. Mais nous savons, et c'est déjà beaucoup, que là se trouve le champ de toutes les idées sociales en gestation ; cela nous suffit pour nous orienter de ce côté, et voilà pourquoi nous faisons acte de saine logique en donnant à ce champ le nom générique et synthétique de *socialisme.*

Donc, voici posés les trois termes de notre étude : *Capitalisme, Socialisme et Suffrage universel.*

La situation présente, c'est la lutte acharnée que se livrent le capitalisme et le socialisme, l'un pour se maintenir, l'autre pour prendre la place ; et chez l'un comme chez l'autre, l'effort constant pour la conquête du suffrage universel qui, semblable au dieu de la fable, tient la victoire dans sa main, mais se plaît à demeurer dans une capricieuse indécision.

Combien de temps durera cette lutte ? — Il est difficile de le prévoir ; qnant au résultat il ne saurait être douteux. La société actuelle doit céder sa place à une société nouvelle ; sinon la loi d'évolution se trouverait suspendue, hypothèse anti-scientifique.

Toute la question se cantonne donc dans les alternatives du combat, et c'est précisément, parce que le combat a des alternatives imprévues et des intermittences fréquentes, qu'il est intéressant d'en étudier les conditions et d'examiner les forces en présence.

Nos institutions reposent sur la souveraineté populaire et sur l'égalité politique, cependant beaucoup prétendent que ces deux principes sont restés à l'état de mots et que l'application en est encore à faire.

Est-ce donc le suffrage universel qui a mal fonctionné? Est-ce donc l'opinion publique qui s'est perdue en tâtonnements stériles?

En théorie, le peuple étant tout, c'est lui seul qui est apte à donner la note dominante des idées qui circulent dans le pays. Conséquemment le choix de ses mandataires, ne peut être que l'expression vivante de ses désirs, et ses mandataires ne doivent avoir d'autre objectif que de faire servir la puissance dont ils sont investis, à réaliser à bref délai le vœu du mandant. Malheureusement, quand, d'une part, on se reporte au temps écoulé depuis la naissance du suffrage universel, qu'on note toutes les indications que le peuple a données, toutes les volontés qu'il a exprimées, et cela souvent, par des manifestations réitérés; puis, quand d'autre part, on jette un coup d'œil sur les réalisations obtenues, on ne peut s'empêcher de trouver que la récolte est maigre, et l'on ne sait, en vérité, s'il faut plutôt s'extasier devant la longanimité de l'électeur que devant l'impudence de l'élu.

Quelque bonne volonté qu'on y mette, on est bien forcé de convenir que les faits ne sont pas d'accord avec la théorie.

Faut-il conclure que le suffrage universel a été trompé, trahi, dévoyé, que la manière dont on le consulte est vicieuse, ou bien que lui-même s'est montré versatile, ignorant, et qu'il lui est arrivé de défaire le lendemain ce qu'il avait fait la veille ?

Toutes ces imputations ont du vrai, mais le fait, c'est que l'instrument n'a pas toujours donné les résultats qu'on était en drolt d'en attendre.

Beaucoup de gens en rendent responsable la multiplicité des partis en France.

Cette raison est sans valeur. En dernière analyse il n'y a jamais eu et il n'y a encore, en politique comme en économie sociale, que deux partis en présence : le parti de l'évolution qui finit et le parti de l'évolution qui commence, autrement dit le parti de ceux qui jouissent et le parti de ceux qui peinent, de ceux qui ont trop et de ceux qui n'ont pas assez. Trop et pas assez, s'appliquant autant aux biens matériels, qu'aux jouissances intellectuelles ou morales.

Tous les autres partis, de quelque nom qu'ils s'affublent, ne sont que des portions de ces deux grands partis. Toutes les revendications, toutes les résistances ne sont que des variations sur le thème unique qui se joue depuis, que l'instinct de justice a fait comprendre à l'opprimé, qu'il avait le droit de se raidir contre l'oppresseur.

L'état de notre société est encore aujourd'hui ceci : d'un côté une minorité qui possède tout, richesse et pouvoir; de l'autre une masse qui ne possède rien ; la supériorité numérique du côté de ceux qui réclament, la supériorite de ressources du côté de ceux qui refusent ; chez les premiers un immense éparpillement de forces, chez les seconds une concentration savante ; comme moyen de combat, le suffrage universel.

La simple logique dit que s'il n'y a que deux partis, il ne doit y avoir que deux courants dans la marche du suffrage universel, ce qui est en effet. La même logique dit en outre que s'il y a inégalité numérique en faveur des déshérités, ceux-ci devraient avoir la majorité ; avec la majorité, la puissance ; avec la puissance, la faculté de rectifier selon l'équité, la répartition des avantages sociaux.

C'est ici qu'apparait l'inconséquence du résultat. Inutile d'invoquer notre histoire contemporaine pour prouver que tout cela n'est qu'une théorie pure, que l'évènement ramène brutalement au rang des rêves. De notre temps encore le bon sens a tort devant les faits.

Les députés élus ne sont le plus souvent ni d'esprit, ni de cœur, ni de pensée avec le pays. Il n'y a pas davantage communauté d'intérêts.

La démocratie, depuis quinze ans, a tantôt avancé d'un pas, tantôt reculé d'un pas égal, et le résultat a été ce qu'on a si bien dénommé la politique du piétinement.

Le suffrage universel s'est livré à des écarts prodigieux dans le choix de ses hommes et il ne faut guére s'étonner, si beaucoup d'entre eux ont audacieusement abusé de leur mandat. L'incohérence a régné chez le mandant, comme chez le mandataire.

Les ambitieux ont traduit la pensée de l'électeur conformément à leurs désirs intéressés et n'ont jamais hésité, dans leur traduction, à torturer l'esprit et la lettre de leur mandat. Que de fois le pays ne s'est-il pas trouvé tout ébahi, de se voir attribuer des intentions et des pensées qui ne l'avaient jamais occupé. Ce sont là des anomalies dont il est nécessaire de chercher et de comprendre les causes ; car le suffrage universel, malgré ses imperfections présentes, reste la loi suprême de l'avenir. On peut même dire que c'est la seule institution compatible avec la civilisation des sociétés modernes; les peuples y courent d'instinct; car ils sentent qu'ils trouveront là leur émancipation.

Nos erreurs, nos fautes, pourront servir de leçon aux autres nations, et sur ce point encore, la France continuera sa mission d'initiatrice.

Cependant, il faut en convenir, la mise en marche est laborieuse. Nous expérimentons chez nous le suffrage universel depuis près d'un demi-siècle, il semble que nous devrions en connaître les éléments, les avantages, et pouvoir en tirer tout ce qu'il est capable de donner, tandis qu'en réalité il est resté en nos mains un instrument sans valeur.

Le suffrage universel tel qu'il est organisé aujourd'hui, recèle un élément dont la nature ondoyante et fugace, oscille nerveusement dans un va-et-vient perpétuel. Cet élément, assez considérable pour assurer à lui seul la majorité du côté où il se porte, doit son instabilité, tantôt à la facilité avec laquelle il se laisse circonvenir par la classe dirigeante; tantôt à des velléités d'indépendance vite conçues et quelquefois aussi vite éteintes.

C'est là le vice qu'il convient d'étudier avec la plus minutieuse attention.

On a beaucoup parlé et beaucoup écrit sur le suffrage universel; mais on l'a surtout examiné pris en masse, ou par sections régionales. Il reste à en faire une classification méthodique, d'après l'état psychologique qui dirige l'électeur aux différents degrés de l'échelle sociale. :

L'on n'aura pleine connaissance du suffrage universel que si non-seulement on l'étudie couche par couche; mais que si l'on considère chaque couche en fonction des deux courants politiques qui s'en disputent la direction, courants qui se résument comme il a été dit, d'une part dans le *Capitalisme*, de l'autre dans le *socialisme*.

Chacun de ces deux fractionnements primordiaux du suffrage universel compte un certain nombre de fidèles convaincus, passionnés, qui votent dans chaque sens avec une inébranlable constance.

Mais, entre ces deux masses, flotte toute une portion instable et c'est dans l'analyse de cet élément intermédiaire, dans la recherche des causes de cette instabilité, que réside l'intérêt de l'étude entreprise ici.

CHAPITRE II

LES GROUPES ÉLECTORAUX

SOMMAIRE : Variations dans le niveau des idées. — Catégories existantes dans le corps électoral. — Caractère dominant des groupes. — Couches populaires. — Première division : urbain et rural. — Première subdivision : prolétariat proprement dit. — Deuxième subdivision : élément de transition ou prolétariat-bourgeois. — Couches capitalistes. — Petite Bourgeoisie. — Grosse et moyenne bourgeoisie.

Légalement il n'y a plus de classes, c'est une chose entendue ; mais il n'en reste pas moins certain que le niveau des idées varie considérablement selon les milieux, les climats, les habitudes, les préjugés ou le degré d'instruction. Il est donc possible sans froisser la fiction d'égalité qui nous régit, de tenter une classification de la population électorale et d'y reconnaître des catégories.

Si ces catégories sont exactement observées, et si l'on parvient à établir pour chacune la moyenne vraie des sentiments qui la font mouvoir, il sera facile d'expliquer ses agissements passés et de prévoir ses déterminations futures.

Il suffit pour cela de trouver la caractéristique de chaque couche sociale, le motif qui la domine et la détermine dans l'usage qu'elle fait du suffrage uuiversel.

L'examen attentif des faits permet de formuler ce principe : que l'orientation politique de chaque groupe est la résultante fournie, d'un côté par le degré de culture morale, et de l'autre par la position plus ou moins élevée dans la hiérarchie sociale. En d'autres termes, l'instruction et la position dans le monde sont en matière électorale les deux facteurs déterminants.

Commençons notre examen par les couches qu'on a appelées inférieures : celles qu'il s'agit de mettre, non pas au-dessus des autres, comme on l'a faussement prétendu ; mais de juxtaposer à celles qui jouissent des bénéfices sociaux, et cela depuis si longtemps, qu'elles en sont arrivées à considérer cette jouissance, comme un privilège qu'elles prétendent rester seules à détenir.

Une première division se présente tout d'abord : le peuple des villes et le peuple des campagnes.

Inutile de déclarer qu'il n'est nullement question ici de rééditer les anciennes déclamations contre les ruraux. — Loin de nous cette idée ! — Ces distinctions, quand elles prennent un caractère dédaigneux, n'ont jamais d'autre résultat que de créer l'animosité et la défiance entre les parties, d'un même tout qu'aucun intérêt ne divise cependant. Il s'agit ici seulement, de noter soigneusement les différences de caractère et d'indiquer les modes d'actions les meilleurs, pour faire converger vers un même but, les éléments qui composent ce tout.

Empruntons au Capitalisme une des classifications qui lui sont chères, en faisant entrer comme lui, la pièce de cent sous dans la balance.

De suite, se manifestent deux subdivisions : l'une, composée de ceux qui ne possèdent que leurs bras.

L'autre, composée de ceux qui, outre leurs bras, possèdent un avoir tant minime soit il.

La première subdivision constitue l'élément salarié; le prolétariat proprement dit : ouvriers industriels habitant les villes ou les centres manufacturiers ; ouvriers agricoles habitant les campagnes ; c'est le *prolétariat urbain* et le *prolétariat rural.*

La seconde subdivision offre de plus nombreuses variétés.

Elle comprend d'abord la classe fort étendue qui forme une espèce de transition, entre le prolétariat proprement dit et la petite bourgeoisie : ce qu'on pourrait appeler, malgré l'apparente contradiction, le *prolétariat-bourgeois* : race hybride, qui participe des deux natures, et se personnifie dans les villes, par le travailleur qu'une circonstance a mis à la tête d'un peu d'outillage, d'un pécule, ou d'un crédit, et qui a pu par ce fait entreprendre soit une petite fabrication, soit un petit commerce.

Son homotype des campagnes est le paysan

qui cultive un lopin de terre, à lui, et qui, le reste du temps, se loue comme journalier.

Immédiatement au-dessus vient la petite bourgeoisie, qui détient le commerce de détail et la petite propriété, et qui fournit, en outre, la plus grande partie du personnel des bas emplois, dans les administrations publiques ou particulières.

Voici ensuite la moyenne bourgeoisie, que des moyens plus restreints distinguent seuls de la grosse bourgeoisie, certes aujourd'hui toute puissante, dont l'action absorbante se manifeste dans la haute banque, le haut commerce, la grande industrie et les hauts emplois publics.

La classification est ainsi complète. Ces diverses fractions qui composent le peuple politique tout entier, sont par leur situation, leurs habitudes, dans des conditions d'existence absolument différentes, et il est de toute évidence que ces différences de milieux et d'allures doivent se répercuter, de façon décisive, sur leur manière de penser et par suite de voter.

CHAPITRE III

DU PROLÉTARIAT URBAIN.

SOMMAIRE : Facultés natives de l'ouvrier urbain. — Origine et développement de ces facultés.— Divergence d'intérêts et haine réciproque entre l'ouvrier et le patron.— Solidarité ouvrière incomplète. — Antagonisme résultant du milieu social. Prédisposition de l'ouvrier urbain aux opinions extrêmes. — Son objectif réel est une réforme économique. Causes de son apparente mobilité.— Probité politique du prolétaire.— Crédulité et erreurs.— Facultés morales et familiales.— Manque de respect pour la femme et l'enfant. — Autoritarisme de l'ouvrier. — Influence du genre de travail sur la moralité.—Elévation de la moyenne intellectuelle depuis un demi-siécle. — L'ouvrier urbain est libre-penseur et socialiste. — Résumé et conclusion.

On peut affirmer sans être taxé d'exagération, qu'en moyenne l'ouvrier des villes serre relativement de très près le mouvement intellectuel de son époque. Son esprit est largement ouvert aux idées progressives, bien que la lucidité de son jugement ne suive pas toujours la vivacité de sa conception.

Ces constatations n'ont rien de particulier à l'ouvrier français, elles s'appliquent à tous les pays. Il est même curieux de constater la progression rapide de cette faculté d'assimilation, étant donné le peu de soin qui est pris, en général, pour l'instruction et l'éducation de l'ouvrier.

On serait donc presque en droit d'établir cette loi : que la valeur intellectuelle des agglomérations ouvrières urbaines est proportionnelle à la grandeur numérique de ces agglomérations; ce qui ne veut pas dire que les habitants des grands centres naissent plus intelligents que ceux des petites villes; mais ce qui implique simplement qu'il y a, dans les premières, des possibilités d'assimilation intellectuelle, plus considérables que dans les secondes.

La diffusion orale des idées (et nous englobons dans la même généralité les idées industrielles, artistiques, professionnelles, aussi bien que les idées politiques); cette diffusion est singulièrement favorisée, par le travail en commun dans les ateliers, et par le contact incessant, avec des hommes instruits de tous degrés, appartenant à toutes les branches de l'industrie.

C'est ici la cause unique de la supériorité d'intelligence de l'ouvrier d'industrie, sur l'ouvrier d'agriculture.

Il y a plus: La somme des connaissances acquises par la masse ouvrière d'une même ville, éprouve unesorte de graduation, résultant directement des différents genres d'industrie. Ainsi, les ouvriers qui se livrent, assis, en ateliers communs, à des travaux peu bruyants, peu fatigants et qui peuvent, par ce fait, facilement échanger leurs pensées, sont généralement en avant de ceux qui, quoique travaillant côte à côte, sont pour ainsi dire isolés par le bruit des machines et ne peuvent communiquer ensemble, que par entretiens interrompus et hachés.

Il est vrai que cette infériorité des derniers, est en partie compensée par la multiplicité des relations; et, que les idées qui, comme on dit, courent dans l'air, sont rapidement assimilées par tous.

Nous trouvons donc là une falcuté native favorisée par le milieu, dont l'effet immédiat aboutit à un dévelopement intellectuel intense du prolétariat urbain. La suite montrera que cet avantage est en grande partie refusé au prolétariat rural.

Le premier emploi que fait naturellement l'ouvrier, de la faculté de raisonner ainsi acquise, c'est de faire un retour sur lui-même, d'examiner sa position dans le milieu social; puis ensuite, de regarder autour de lui et de comparer cette position à celle des individus qui l'entourent, et particulièrement à celle de l'homme qui se trouve en contact direct avec lui, c'est-à-dire du bourgeois, son patron.

Ainsi apparaissent de suite les personnifications les plus tranchées des deux grands partis qui composent le suffrage universel; entre ces deux champions la lutte électorale se devine, elle est inévitable.

L'opposition d'intérêts qui existe entre le patron et l'ouvrier, et l'exploitation du travailleur qui résulte fatalement de l'organisation capitaliste, ont développé des deux côtés une inimitié tantôt latente, tantôt ouverte, qui prend à l'heure qu'il est un caractère de plus en plus aigu.

Sans avoir lu le fabuliste, l'ouvrier sent très bien que son ennemi, c'est son maître; et ce sentiment intime, confirmé le plus souvent par une dure expérience personnelle, a fait germer en lui, en même temps que la haine contre le maître, un esprit de solidarité pour ses congénères, qui ne se dément jamais, quand il s'agit de battre en brêche l'autorité patronale. Dans les grèves, il y a certainement toujours unanimité de sentiment pour la résistance.

Ceux qui n'y participent pas en personne, ou qui abandonnent le combat, sont mus toujours par des motifs spéciaux, dont le principal est rarement autre chose que la détresse extrême de la famille.

Il y a malheureusement une ombre à ce tableau: c'est que cet admirable instinct de fraternité qu'on ne trouve guère que chez les malheureux, et qui fait presque complètement défaut à la classe bourgeoise, est après le combat, trop souvent gâté par de mesquines jalousies.

Les ouvriers savent bien s'unir et se liguer contre l'adversaire social, ils ne savent pas conserver la cohésion,

Quoi qu'il en soit, les différences qui distinguent la classe patronale de la classe ouvrière sur le terrain économique sont assez fortement accusées, pour qu'il soit impossible de supposer sur le terrain politique, d'autre accord que celui qui pourrait résulter de cas purement fortuits, ou mieux d'erreurs passagères.

Il n'y a entre eux, en effet, aucune connexité d'intérêts, et là est le vice de notre société.

Bon ou mauvais, le patron est l'ennemi. Quoi qu'il fasse, tout ce qu'il peut au plus espérer, c'est de n'être pas trop ardemment haï; quant à être aimé réellement, les exceptions sont si rares qu'il est inutile d'en tenir compte; et cela a logiquement sa raison d'être, le patron n'étant socialement pour l'ouvrier que le représentant d'un système d'oppression.

Dans les appréciations que nous émettons et qui, quelquefois, pourraient paraître très sévères, disons-le une fois pour toutes, nous n'avons pas l'intention d'attaquer les individus.

Ce serait attiser encore les haines de classe qui ne sont malheureusement que trop ardentes, Notre critique s'en prend surtout aux vices des institutions et non aux personnes, que nous considérons comme soumises naturellement aux impulsions du milieu où le sort les a jetées; et nous ne faisons nulle difficulté, pour admettre que si les rôles étaient intervertis, les opprimés d'aujourd'hui deviendraient inconsciemment les oppresseurs de demain.

La conséquence électorale de cette situation, c'est que l'ouvrier urbain est, par position, entraîné à voter contre son patron, ou contre le candidat de son patron. Faute d'autre raison, celle-là lui serait grandement suffisante.

L'état de sujétion dans lequel il est placé, le désir d'améliorer son sort, ont prédisposé le travailleur à accueillir avec enthousiasme toute idée émancipatrice; même quand cette idée n'apparaît pas très nette à son esprit.

Il ne discute pas les moyens, pourvu que la délivrance soit au bout; et par un effet naturel de son ardeur d'affranchissement, les moyens les plus extrêmes sont ceux qui le séduisent davantage, parce qu'il les considère comme plus rapides.

Dans cet état d'esprit, les ouvriers d'industrie ne pouvaient être que démocrates, et ils le sont foncièrement. Plusieurs mêmes dépassent la limite où la démocratie deviendrait de la dictature, et c'est parmi eux, que se recrute la partie ardente des partisans de la solution révolutionnaire.

Tous les groupes réformateurs, depuis les plus violents jusqu'aux plus pacifiques, trouvent des adhérents dans le prolétariat urbain.

Individuellement, l'ouvrier se porte vers celle de ces théories qu'il comprend le mieux; souvent même il y va pour ainsi dire par simple intuition et sans trop suivre d'autre guide qu'un vague instinct de délivrance; quelquefois c'est le hasard du milieu qui décide de sa marche.

C'est ainsi que chaque école, chaque secte a pu recueillir des adeptes et des partisans dont le dévouement peut aller jusqu'au sacrifice, parfois même jusqu'au forfait. Mais qu'on ne s'y trompe pas, sciemment ou non, le travailleur d'industrie ne cherche que la fin d'un système économique qui l'opprime.

Les candidats pseudo-socialistes, même les opportunistes, l'ont si bien compris, que toutes leurs professions de foi contiennent quelques-unes des revendications matérielles impatiemment attendues par la population ouvrière.

Un reproche qu'on pourrait justement adresser à l'ouvrier urbain, c'est son manque de tact quand il s'agit de juger les hommes, et la crédulité avec laquelle il accueille les protestations des flatteurs, qui se posent en amis dévoués, et qui ne sont souvent que de vulgaires ambitieux.

Cette infériorité trouve son explication et son excuse, dans une instruction restée incomplète

Croire aux hommes et les suivre avec un engouement aveugle, a toujours été le trait caractéristique des entraînements populaires, et c'est même là, que réside la cause unique d'un semblant de versatilité. Le peuple ouvrier, cependant, n'est pas plus foncièrement versatile que le peuple bourgeois. Il change ses affections quand il croit s'apercevoir qu'elles ont été mal placées ; et il faut avouer qu'il a eu de trop fréquentes occasions de changement.

Si l'on scrute avec impartialité les motifs déterminants des flux et reflux de l'opinion, on reconnaît facilement que pour le peuple, un homme, quel qu'il soit, n'est jamais que l'incarnation vivante d'une doctrine politique et surtout sociale; et en cela apparaît, dans toute sa naïve crédulité, l'esprit droit de gens complètement étrangers à toutes les roueries politiciennes.

Cette crédulité est déplorable, certainement; mais que le peuple doive en rougir, non; ce n'est, en somme, que de la probité politique.

Cette probité est du reste si naturelle dans ce milieu social, qu'on la retrouve aussi bien chez le peuple des campagnes, que chez celui des villes.

Dans sa bonne foi, l'électeur populaire pense que celui qui est venu solliciter son suffrage, en prenant pour programme toute une série de réformes, ne peut honnêtement faire autre chose, que de poursuivre sans relâche la réalisation de ces réformes. L'homme du peuple ne veut croire aux palinodies qu'après leur accomplissement. Il a foi en la loyauté de ses représentants, jusqu'au jour où leur forfaiture ne peut plus permettre le moindre doute. Il n'est pas étonnant alors qu'il se détourne de ses indignes, et porte ses espérances sur d'autres hommes qui lui paraissent plus sincères.

Quand il change ainsi ses affections, ce n'est pas l'électeur qui est coupable, c'est l'élu.

Sans doute, le peuple abusé a souvent poussé l'amour du changement, jusqu'à sacrifier sans scrupule des hommes qui lui étaient profondément dévoués. L'histoire ne fournit, en effet, que trop de ces exemples, et c'est justement sur les causes premières de ces erreurs politiques, qu'il convient de concentrer son attention.

Les ouvriers d'industrie, quoique sincèrement attachés à la cause socialiste, se sont, en bien des cas, divisés au détriment de cette cause. Ils ont porté leurs suffrages sur des républicains, ou soi-disant républicains, complétement étrangers à l'esprit socialiste et dont l'unique objectif était de fonder une république bourgeoise, à quoi ils ont entièrement réussi, car la république est restée aux mains du capilisme.

Cet échec véritable, cette impuissance finale est due au manque d'ensemble dans les décisions du peuple ouvrier, non pas que sa foi dans le progrès se soit jamais ébranlée ; mais parce que ses éducateurs ont eux-mêmes ou manqué de cohésion, ou été impuissants à dévoiler les menées des ambitieux.

On répond à cela qu'il existe un vice originel dans la façon dont fonctionne le suffrage universel. Nous ne ferons aucune difficulté pour en convenir. C'est même une question grave qui mérite d'attirer sérieusement l'attention des réformateurs, et pour la résoudre, il faut certainement tout autre chose que le procédé absurde, qui consiste à passer successivement du scrutin d'arrondissement au scrutin de liste, et réciproquement. Mais au fond, le plus grand vice, le seul vice, c'est l'ignorance.

Tel qu'il est, le suffrage universel pourrait quand même sauvegarder l'avenir, si chacun de nous, dans sa sphère d'action, prenait à cœur de l'éclairer, de l'instruire et de ne pas se lasser de lui signaler les écueils.

Nous venons de décrire les tendances politiques qui sont le résultat nécessaire de la situation sociale de l'ouvrier urbain; jetons maintenant un coup d'œil sur ses inclinations morales et familiales.

La même défaillance de jugement, qui lui fait commettre ses erreurs politiques, se retrouve également dans les sentiments moraux de l'ouvrier urbain. Et il n'en peut être autrement, puisque ces défaillances, tiennent à ce que l'intelligence native n'étant pas équilibrée par la culture, c'est la passion qui chez lui prime toujours le raisonnement.

L'ouvrier urbain, qui ressent avec tant de vivacité la pesanteur du joug pour lui-même, n'a pas le sentiment de la justice à l'égard de ceux qui lui sont soumis ; et particulièrement de sa femme et de ses enfants.

L'ouvrier en général, n'a pas le respect de la femme. L'ouvrier urbain exagère ce défaut moral; non seulement il ne respecte pas la femme, mais souvent il la brutalise et quelquefois il l'avilit.

La même indifférence morale se manifeste aussi à l'égard des enfants, qu'il laisse pousser à l'aventure comme il a poussé lui-même, tournant à bien ou à mal, selon les hasards du milieu. Et cela ne l'empêche pas d'éprouver pour eux, une sorte d'affection, *sui generis,* souvent très passionnée.

Autre bizarre inconséquence: il ne lui vient jamais à l'esprit de songer à l'avenir pour lui où les siens, quand par exception, il gagne un large salaire; l'insouciance est chez lui, une faculté de nature, il dépense son argent, quand il en a, sans souci du lendemain.

Du reste, il faut dire qu'avec le travail d'atelier qui absorbe un temps considérable, la famille ne peut pour ainsi dire plus exister; aussi l'intérieur est-il toujours négligé.

Si de la famille nous passons à l'atelier, nous retrouvons encore la même incohérence morale.

L'ouvrier, qui dispose d'une parcelle d'autorité quelconque: contre-maître, chef d'atelier, surveillant, l'impose avec une brutalité et une rigueur bien plus rudes, que n'oserait le faire le patron lui-même. Il y a là, comme un phénoméne de répercussion peu à l'avantage de l'animal humain, qui semble en ce cas, prendre plaisir à rendre au plus faible, en les multipliants, les coups qu'il a reçus du plus fort.

Du reste, toutes ces anomalies résultent d'un état social, qui impose à des êtres un travail excessif, dès que leurs muscles d'enfants peuvent se mouvoir; qui prolonge ce travail jusqu'à l'épuissement, et qui condamne le travailleur à une lutte constante et sans répit contre la misère.

Ce qui pourrait à bon droit paraître extraordinaire, c'est que la somme d'écarts moraux ne soit pas plus grande encore. Cette imperfection est si bien la conséquence de la situation particulière de l'ouvrier, qu'un observateur attentif trouve facilement la gradation morale des différents groupes, d'aprés leur genre de travail et d'après le degré de développement intellectuel nécessité par le travail même.

On trouve alors que la brutalité, l'intempérance, la bestialité sont le triste apanage des professions qui demandent un effort musculaire, sans aucun effort d'imagination ni d'intelligence et que le sens moral croît en raison directe du talent et de l'affinement des occupations.

Ces réserves faites, il reste néanmoins une certaine satisfaction à constater que, si la moyenne morale est restée à peu près stationnaire depuis un demi-siècle, il n'en est pas de même de l'intelligence qui, elle, a considérablement progressé.

On trouve, aujourd'hui, en grand nombre des ouvriers urbains, qui font preuves d'un esprit réellement remarquable, quelques-uns même sont doués de facultés exceptionnelles, et ont acquis des connaissances approfondies en science sociale, ou en science industrielle. Les uns sont éloquents orateurs, les autres, écrivains distingués, inventeurs ou vulgarisateurs; mais là encore on retrouve la faiblesse humaine, et l'on constate parfois aussi, à côté du talent, l'ambition et l'intérêt personnel. On en a vu qui ont perdu la notion nette du devoir, dès qu'ils eurent conquis soit un siége de député, soit un siège de sénateur.

Il semblerait, par ce qui précède que la classe bourgeoise doit être en raison de sa plus grande culture à l'abri de ces faiblesses morales ; nous verrons plus loin qu'elle en a d'autres aussi graves, découlant également du milieu social.

Inutile d'ajouter que l'ouvrier des villes est libre-penseur et anti-clérical. Ses adversaires prétendent qu'il ne possède pas une compétence suffisante, pour juger la valeur des doctrines religieuses; mais à défaut de science, il possède une sorte de répulsion instinctive, qui lui fait réunir dans la même réprobation, le bourgeois qui l'exploite et le prêtre qui s'est toujours montré l'allié de l'exploiteur.

On peut donc inférer de ce qui précède, que cette classe d'électeurs restera profondément dévouée aux idées d'émancipation, qui forment le fond du Socialisme vrai; et même ajouter, que le capitalisme y trouvera constamment d'irréconciliables ennemis. Ennemis qui ne reculeront devant rien, pas même devant la bataille et qui, à en juger par la façon dont se déroulent les questions économiques, et dont s'accentuent les crises industrielles, pourraient bien, affamés et à bout de patience, commencer l'attaque les premiers.

Sans doute, ce ne serait pas une solution, au

contraire, mais il y a là une éventualité qu'il est prudent d'entrevoir et de prévenir.

Tels sont donc les points les plus saillants du type de l'ouvrier urbain :

Caractère indépendant et naturellement porté aux idées du progrès.

Esprit prompt, mais manquant de l'équilibre que donnent l'instruction et l'éducation, ce qui constitue en réalité son vice capital, et ce vice dérive, non de la nature, mais de la société. De là découlent encore un jugement imparfait, avec tendance insurmontable à suivre l'impulsion de la passion et à étouffer la voix de la réflexion ; et une moralité désordonnée, la notion des droits et des devoirs n'étant pas clairement gravée dans son cerveau.

Notre électeur populaire étant ainsi caractérisé, son choix ne saurait être douteux, entre le Capitalisme dont il souffre et le Socialisme auquel il aspire, quoique sans bien le connaître.

Il en résulte que le prolétaire des villes ne penchera jamais du côté d'une réaction monarchique, cléricale ou oligarchique, à moins d'être trompé, comme au temps du plébiscite impérial; et il est fort douteux qu'il se laisse tromper une nouvelle fois.

Il ira, d'instinct, constamment à la République et au socialisme.

Saura-t-il toujours choisir convenablement ses hommes? ce n'est guère probable, aussi longtemps que les jeunes générations, mieux instruites et mieux pondérées, n'auront pas pris en main la direction du mouvement.

Marcherait-il à une révolution violente, dans le cas d'une attente trop prolongée et sous le coup d'une excitation passionnelle énergique? La chose est hors de doute; mais c'est une éventualité si grave qu'il conviendra de nous y arrêter tout spécialement.

Au chapitre de la statistique électorale, sera fait le décompte de ce groupe si important, qui comprend tout le prolétariat urbain.

CHAPITRE IV

DU PROLÉTARIAT-AGRICOLE

SOMMAIRE. — Eléments qui le composent. — Intimité d'existence avec le maître, dans la petite culture. — Influence des procédés de la grande culture. — Le travailleur traité comme bête de somme. — L'ouvrier agricole ne s'explique pas ou s'explique mal le mot « socialisme ». — Infériorité intellectuelle résultant de l'isolement. — Le cabaret de village — Son action sur les élections. — Sujétion du prolétariat agricole. — Défaut de solidarité corporative. — Pas d'objectif politique raisonné. — L'influence du milieu rend le rural économe. — Sentiment patriotique. — Instinct d'indépendance. — Reste de croyances religieuse, influence du prêtre. — Conclusions à tirer pour le présent et l'avenir.

Quelques-uns des caractères de l'ouvrier urbain doivent se retrouver naturellement, bien qu'un peu modifiés, chez le prolétaire rural.

Le prolétariat agricole proprement dit ne se compose que de deux éléments : les domestiques des deux sexes, qui constituent ce qu'on appelle le personnel permanent des fermes, et les journaliers.

Les domestiques mangeant et couchant à la ferme, vivant par conséquent toujours sous l'œil du maître, sont entièrement soumis au bon vouloir de ce dernier.

On a fait de nombreux dithyrambes sur les

bonheurs de la vie patriarcale de l'ouvrier de la terre; nous avouons n'avoir jamais eu occasion de constater autre chose que l'indigence et la malpropreté.

Il est vrai, qu'on nous parle de ce bonheur champêtre, comme appartenant en propre au régime de ce bon vieux temps, qui florissait avant la prise de la Bastille. Certains même aimeraient à remonter à l'époque plus reculée du moyen-âge, où seigneurs et valets mangeaient à la même table, où l'on distinguait le haut-bout et le bas-bout. Le décor ne manque pas en effet d'un certain pittoresque, mais il est bon de ne pas oublier que le bas-bout ne voyait généralement arriver jusqu'à lui, que des os dépouillés, des plats nets et des outres vides. Mais laissons à leurs regrets les amateurs du passé et occupons-nous de notre temps.

Dans les petites exploitations qui n'exigent qu'un ou deux domestiques, il reste en effet quelque communauté entre maîtres et valets; mais cette communauté existe, le plus souvent, bien plutôt par nécessité besoigneuse, que par réelle confraternité; ce sont les maîtres qui s'amoindrissent et sont obligés de se contenter du régime de leurs serviteurs.

Alors tout le monde est mal. Cet état précaire très fréquent résulte, soit d'un fermage trop élevé, soit de difficultés quelconques de mise en valeur, d'accidents météorologiques, d'épizooties, etc, soit même simplement d'une économie transformeé en avarice, ce qui est assez commun dans le monde rural.

Dans les grandes exploitations conduites par les maîtres eux-mêmes, ou par des régisseurs, le travail est organisé industriellement, c'est-à-dire que l'ouvrier n'est plus qu'un outil, dont on tient à tirer le plus d'effet utile, avec le moins de dépense possible. De là, travail sans trêve et nourriture détestable.

Les intelligents pourtant, n'abusent pas de cette dernière économie, l'expérience faite sur leur bétail, leur a fait penser que les muscles de la bête de somme humaine, devaient avoir besoin d'être convenablement alimentés pour fournir un travail productif.

Il faut cependant que ces intelligents se soient trouvés en bien petit nombre, et que l'alimentation offerte par les autres ait été bien détestable, pour que, malgré leur passivité de tempérament, nombre de domestiques aient fini par abandonner les champs et se portent vers l'atelier; et pour que ceux qui restent, ne s'engagent le plus souvent, que sous certaines conditions de nourriture, de logement et de travail.

Quant au journalier, s'il lui faut redouter les chômages, il est relativement libre et moins exposé à l'arbitraire des patrons.

L'ouvrier agricole n'a pas les allures indépendantes de l'ouvrier des villes, et son esprit est moins ouvert aux idées émancipatrices.

Le mot « *Socialisme* » ne lui dit rien encore; et les principes de solidarité, que ce mot représente, ne sont que des images confuses et fausses.

Les bourgeois apeurés ont contribué en grande partie à produire ces erreurs, en représentant le socialisme comme le prélude du partage des richesses. En cela, ils ont complètement manqué leur but ; les partageux pouvaient bien effrayer le petit propriétaire, mais laissaient indifférent le prolétaire puisqu'il ne possédait rien. Tout au contraire, l'idée de se tailler une part dans le bien du maître, n'avait en soi rien qui répugnât au grain de cupiité, qu'on retrouve dans tout paysan.

Mais, hâtons-nous de le dire, tout cela roule vaguement dans son imagination, à l'état d'espérance lointaine, et il serait incapable d'en tenter de lui-même le moindre projet de réalisation.

Il y a toujours pour le rural quelque chose d'incompréhensible dans les questions sociales, et cette espèce d'infériorité d'intelligence trouve son explication naturelle, dans l'état d'isolement où il vit. Il part dès l'aube pour les champs, la forêt ou la montagne, travaillant presque toujours seul, ou par petits groupes. Son genre de travail est rarement favorable à une conversation suivie ; il est difficile de causer en maniant la pioche, ou en poussant la charue.

Tout au plus peut-il y avoir échange de quelques mots relatifs au travail.

Le soir, s'il y a rencontre, au retour vers la ferme, ou si l'on chemine en commun, les propos rouleront sur la saison, la récolte, les cancans du village, mais rarement sur la politique; puis on soupe, on se couche et c'est à recommencer le lendemain.

De journaux, il n'en est pas question, du reste dans certaines provinces, les jeunes générations seules savent lire.

Il ne reste donc à ces gens, qui au milieu des champs sont aussi isolés que s'ils vivaient en cellule, qu'un seul lieu de rencontre et le pire : le cabaret.

Le dimanche, l'ouvrier agricole va au cabaret, poussé par ce besoin impérieux de sociabilité qui porte l'homme à se rapprocher de ses semblables. Admettons même qu'à ce besoin, se joigne le désir moins élevé de se réconforter un peu, par quelques verres de ce liquide qu'il convoite trop, peut-être parce qu'il en est trop privé.

Le cabaret est l'école publique la plus désastreuse qui puisse être, au point de vue de la moralité électorale.

Au cabaret, et n'oublions pas qu'en ce moment, nous parlons spécialement du cabaret de campagne, il n'y a jamais qu'une assistance restreinte, presque toujours la même, ce qui n'a pas lieu dans les villes. Là, on trouve constamment un même type d'individus, que nous appellerions volontiers piliers de cabaret, si cette expression, justement prise en mauvaise part, ne s'appliquait pas, avec plus de justesse, aux partisans zélés de la bouteille, qu'aux adeptes de la politique. Ces individus font les importants, accaparent le dé de la conversation. D'ailleurs les deux fonctions qui s'exercent au cabaret ne s'excluent nullement, et l'on peut être à la fois beau parleur et grand buveur.

Ces chefs de file sont, on le comprend, les dégourdis de l'endroit. Ils ont acquis une espèce de suprématie d'opinion, soit par une intelligence plus déliée, soit par une teinture d'instruction, soit le plus souvent par une facilité à pérorer sur toutes choses, qui en imposent aux bons ignorants qui les écoutent ; surtout, quand les sujets traités rentrent dans le cercle des désirs ou des préjugés du milieu campagnard.

Ces orateurs de cabaret sont les vrais électeurs, ce sont eux qui colportent le mot d'ordre des comités électoraux. Et cette constatation ne s'applique pas plus à un parti qu'à un autre ; elle est applicable à tous les partis.

Les réactionnairee mènent grand bruit, à propos de l'influence du cabaret sur les idées démocratiques, mais ceci n'est qu'un de leurs moyens accoutumés de discréditer leurs adversaires. Le vrai, c'est que cette influence du cabaret marque davantage les élections réactionnaires, puisque, pour la plupart, elles sont des élections rurales.

Si l'on voulait citer des noms et donner des preuves, on ne serait pas en peine pour désigner nombre de députés monarchiques, qui n'ont dû de pouvoir siéger à la Chambre, qu'à l'entraînement auquel se sont livrés leurs émissaires, avec l'aide habilement exploité des fumées du cabaret.

Du reste, que cette passion immorale profite à la droite ou à la gauche, elle n'en est pas moins déplorable.

Toute la responsabilité doit en retomber sur tes classes dirigeantes, qui n'ont jamais rien fait pour qu'il y ait au village d'autres écoles éleclorales.

Du nord au midi, ces agissements sont les mêmes, sauf quelques différences qui tiennent aux habitudes de terroir. Dans les pays dévots, dans la Bretagne bretonnante, par exemple, le paysan va religieusement le dimanche à la messe, mais se hâte, immédiatement après, d'aller s'établir chez le débitant et de se livrer docilement aux suggestions du courtier d'élections, que lui dépêche ou le châtelain ou le recteur.

Le prolétaire agricole vit donc au point de vue personnel et intellectuel, dans un état de sujétion plus complet que le prolétaire nrbain, et cette situation est encore aggravée par une ignorance qu'on ne lui à jamais donné la possibilité de vaincre. Il n'y a, à ce lamentable état de choses, qu'une compensation, mais toute matérielle; c'est que l'ouvrier des champs n'est pas soumis à la misère sans pain, comme son confrère des villes. Le pain peut être plus ou moins noir; mais enfin, si le travailleur des campagnes n'en mange pas toujours autant qu'il a faim, il est à peu près certain de n'en manquer jamais complètement. Mais, et voilà l'écueil, cette atténuation de misère, qui suffit, pour lui faire prendre son mal en patience, est précisément un encouragement à l'immobilité et à la stagnation.

Chez lui, le besoin de solidarité corporative ne se fait pas sentir comme chez le travailleur industriel; aussi ne voyons-nous en France aucun exemple de grève collective ni d'ensemble dans les revendications agraires.

Sous ce rapport, les Anglais et les Américains sont parvenus à une organisation, qui fait encore complètement défaut dans notre pays.

Ne cherchons pas dans cette classe d'électeurs un objectif politique défini; les faits nous le montrent obéissant aveuglément, selon les terroirs et selon les événements, tantôt à l'impulsion démocratique, tantôt à l'impulsion cléricale et bourgeoise.

Comparativement à l'ouvrier urbain, le rural connaît moins le relâchement des liens familiaux et fait peser avec moins de rudesse sur sa femme et ses enfants, son joug d'être fort. Il semble rester neutre en tout, en bien comme en mal.

De plus, si l'urbain est insoucieux du lendemain et dépense au jour le jour, sans se préoccuper autrement de l'avenir; s'il semble considérer comme impossible et illusoire, toute tentative de se créer par l'économie quelques ressources pour la vieillesse, économies d'ailleurs le plus souvent irréalisables, le rural, lui, fait constamment preuve d'une sordide économie.

C'est qu'à la ville, les entraînements sont multiples et passent rapidement à l'état d'habitudes, ensuite de nécessités. A la campagne, les occasions de dépenses manquent absolument et l'opinion, beaucoup plus sévère, marque de suite d'un signe de réprobation, celui qui fait exception à la parcimonie générale. Il devient un mange-tout, un dépensier.

Mais ces différences sont toutes contingentes et tiennent à la seule différence des milieux, car il suffit d'un séjour souvent très court à la ville, pour que l'ouvrier rural se mette, comme allure, à l'unisson de l'ouvrier industriel.

A côté de tant d'imperfections morales, il faut noter, chez le prolétaire des campagnes, deux sentiments puissants de nature supérieure : il possède en effet l'amour de la patrie, comme il en a donné la preuve lors des trois invasions qu'à subies la France, les capitulations n'étant jamais venues du peuple ; puis malgré toutes les pressions, toutes les obscurités, toutes les ignorances, il a conservé l'intinct d'indépendance individuelle toujours comprimé, mais jamais éteint, qui forme le fond de notre vieille race gauloise, si amoureuse de liberté.

Ces deux sentiments suffisent pour qu'on puisse envisager l'avenir avec confiance, si l'on songe qu'il est maintenant un élément de culture, l'instruction primaire obligatoire, qui faisait défaut aux générations précédentes, et dont l'inpulsion ne tardera pas à se manifester vigoureusement.

Il est un sentiment de toute autre nature, dont

l'action exerce une influence considérable, sur l'esprit de l'ouvrier de campagne, c'est le sentiment religieux.

En France, cette action varie beaucoup selon les régions : des pays sont très dévots, d'autres ne le sont que peu, et d'autres pas du tout. Dans les pays dévots, le prêtre a conservé toute la prépondérance morale qu'il possédait avant la révolution. Ce sont les mêmes superstitions, la même foi bête et la même ignorance.

Dans les pays non dévots, les choses ne vont plus de même. Le prêtre possède bien encore une influence marquée, mais elle est toute terrestre. Le paysan craint le prêtre parce qu'il sait que les gens à soutane sont vindicatifs et qu'ils ont le bras assez long, pour léser dans ses intérêts, quiconque les brave ouvertement. Aussi il ôte respectueusement son bonnet à M. le Curé, mais au fond, il ne l'aime pas et au rebours des paysans réellement dévots, il ne se fait pas faute de voter contre le candidat clérical bien qu'en se cachant.

Quelles conclusions sont, dès lors, à tirer ? Quelle est pour le présent, quelle sera pour l'avenir, l'orientation de cette couche électorale si puissante par le nombre ? Lequel des deux partis, Socialisme ou Capitalisme, pourra se l'inféoder d'une manière durable ?

Pour le présent, il n'est pas permis au socialisme, de compter sur l'ouvrier rural, avec la même certitude que sur l'ouvrier urbain. On a beau dire que le socialisme a fait d'immenses progrès depuis quelques années; si le fait est incontestable pour les villes et les centres manufacturiers, où l'ouvrier lit et cherche à savoir; dans les contrées purement agricoles au contraire, dans le village, dans le hameau proprement dit, l'électeur est encore en proie à toutes les indécisions, à toutes les incertitudes qui sont le produit des convictions mal définies que nous avons constatées en lui.

Le capitalisme profite largement de ces obscurités et emploie toutes les ressources de sa ruse pour circonvenir des esprits simples, qui n'ont pu encore se soustraire qu'imparfaitement à l'influence séculaire du noble, du bourgeois opulent et du prêtre. Cependant, le capitalisme aurait tort de trop compter sur cet appoint politique ; car s'il a quelquefois obtenu ses suffrages ce n'est qu'après l'avoir trompé, et les plus ignorants même finissent toujours par s'apercevoir qu'on se moque d'eux.

Pour ce qui est de l'avenir, il n'y a qu'une déduction logique à faire ; c'est que le terrain parfaitement disposé pour le Socialisme, ne demande que de la culture intellectuelle, et que le succès de ce côté est entièrement subordonné aux moyens de propagande, qui seront mis en œuvre. On ne saurait espérer cependant que ces moyens puissent jamais être assez efficaces, pour avoir complètement raison de l'indécision et de l'ignorance politique qui caractérisent l'ouvrier rural.

On n'en fera jamais une masse compacte marchant délibérement à la conquête du socialisme. Cependant, il y a lieu d'observer, qu'il est maintenant assez familiarisé avec le mot de République, pour s'y être sincèrement attaché. S'il ne l'est pas davantage encore, c'est que la République n'a rien fait pour lui ; mais s'il paraît ne montrer qu'indifférence en temps ordinaire, dans un moment de crise, comme au 16 Mai par exemple, la réaction trouverait chez lui une résistance invincible, et comme au 16 Mai, la réaction aurait peur et reculerait.

CHAPITRE V

DU PROLÉTARIAT BOURGEOIS

SOMMAIRE. — Pourquoi « Prolétariat-Bourgeois » Son essence et sa composition. — Portion urbaine et portion rurale. — Transformation morale opérée par la possession d'un petit avoir. — Mobilité politique. — Sa cause. — Situation précaire du prolétaire-bourgeois. — Sa dépendance des classes riches. — Esprit anti-clérical. — Insécurité de son avenir. — Agents inconscients du système capitaliste. — Conditions difficiles d'existence. — Entraînements politiques irraisonnés. — Profit qu'en retire la réaction. — Fraction rurale. — Son guide unique est l'intérêt. — Sentiments familiaux. — Conclusions. — Le Prolétariat pris dans son ensemble. — Démoralisation forcée résultant de l'état social. — Caractéristique du prolétariat.

Il y a des mots qui semblent hurler à se voir accolés, et ce n'est pas sans une certaine hésitation que, pour qualifier une classe électorale, nous avons réunis par un trait d'union les termes si contradictoires de prolétariat et de bourgeoisie.

Mais cette expression a l'avantage de caractériser avec la précision d'une formule chimique cette classe extrêmement intéressante, dont nous avons à analyser les sentiments politiques et moraux. — Prolétariat-bourgeois ou bourgeoisie-prolétarienne : le mot contient toute la chose.

Le prolétariat-bourgeois, comme tout ce qui marque une transition, est de caractère indécis et complexe. Il tient au prolétariat par sa source, par quelques-unes de ses habitudes, par certaines particularités intellectuelles, tandis que par d'autres tendances, il tient en même temps à la petite bourgeoisie.

Ce groupe se compose, comme il a été dit, de prolétaires qui, par crédit, hasard heureux, ou économie, ont pu réunir, soit uu petit noyau d'outillage, soit un petit pécule, soit un lopin de terre, leur permettant de travailler, de commercer ou de cultiver pour leur propre compte, mais dans des limites extrêmement restreintes.

Ici encore, il y a lieu de suivre la grande division primordiale de l'urbain et du rural.

La bourgeoisie-prolétarienne urbaine comprend le petit fabricant en chambre et le petit boutiquier en détail, et se rapprochant davantage du prolétariat, l'ouvrier marchandeur dans l'industrie et le camelot dans le commerce. La bourgeoisie prolétarienne rurale est constituée par la classe du paysan propriétaire, mais propriétaire seulement de cette portion du sol, dont la division par fractions infinitésimales a fait dire longtemps, que la grande propriété avait fait place à la petite, ce qui est une grave erreur fort habilement répandue.

Ce diminutif de propriétaire-foncier, est possesseur d'un coin de terre insuffisant pour le faire vivre avec sa famille, il est par ce fait obligé de consacrer une partie de son temps au travail pour autrui.

En comparant ce prolétaire modifié à celui que nous avons dépeint dans les chapitres précédents, on constate de suite le commencement de cette influence de la pièce de cent sous, qui va toujours en grandissant à mesure que l'on pénètre dans la bourgeoisie.

Tandis que le prolétaire proprement dit, surtout le prolétaire urbain, est insouciant et dépensier, affamé de politique, amoureux de changement, ennemi franc et déclaré du patronat et de la bourgeoisie, le *prolétaire-Bourgeois* comme le savetier de La Fontaine, a perdu son insouciance en réalisant un petit magot; magot qui devient désormais l'objet d'une préoccupation constante ; car il s'agit d'abord de ne pas le perdre ; puis ensuite de le grossir, si possible. Il sait d'instinct que la chance est variable et frappe rarement deux fois de suite à la porte du pauvre, il s'ingénie donc, avec toute l'âpreté de l'avare, à préserver son pécule de tout désastre, et à l'accroître.

La preuve en est dans les rages de travail auxquelles se livrent le paysan dans son champ, et l'ouvrier à façon dans sa chambre.

Il y a dans ce sentiment qui, a priori, paraît simplement cupide, un autre mobile plus élevé qui est le sentiment de l'indépendance.

Le prolétaire-bourgeois s'exténue au travai

sachant bien qu'il en fournit souvent le double de ce qu'exigerait raisonnablement un patron ; mais il travaille pour son profit personnel, et cette pensée lui sert de compensation. — N'est-ce pas là un élan naturel de l'esprit inné de liberté et d'indépendance, qui reste toujours vivace au fond du cœur de tout homme, même après des générations de servitude ?

On pourrait croire, que cette disposition particulière devrait confiner le prolétaire-bourgeois dans l'immobilité politique, et qu'il devrait chercher à éviter tout changement social, dans la crainte de périls inconnus.

C'est précisément le contraire qui se produit. La bourgeoisie prolétarienne, surtout celle des villes, est essentiellement mobile et changeante. Dans l'espace d'un siècle, elle s'est montrée successivement, révolutionnaire, napoléonienne, royaliste, on la trouve aujourd'hui généralement bien disposée en faveur de la république, qu'elle a acclamée et qu'elle a puissamment contribué à fonder.

A quoi tient donc cette mobilité de sentiments, qui fait un si étrange disparate avec les qualités fondamentales de cette race travailleuse, économe, probe et intelligente ? Cette mobilité ne découle pas, comme l'ont prétendu des envieux, de la légèreté inhérente au caractère français. On a toujours cherché à rendre cette légèreté proverbiale ; que ce soit erreur ou calomnie voulue, peu importe ; le vrai, c'est que de tous les peuples de race latine, le Français résume au contraire le tempérament le mieux équilibré. Pour s'en convaincre, il suffit de lire la nomenclature de nos hommes célèbres, dans tous les siècles et dans toutes les branches des connaissances humaines.

N'insistons pas et reprenons notre thèse.

La facilité de changement que nous avons signalée, n'a au fond qu'une cause unique mais permanente, c'est l'instabilité dans la position sociale, jointe, si l'on veut, à quelques écarts de jugement résultant d'une instruction insuffisante.

En réalité, le prolétaire bourgeois, malgré les quelques sous qu'il possède, n'a qu'une existence excessivement précaire. Sans être astreint comme le simple ouvrier à la loi capricieuse d'un patron, il n'en est pas moins soumis à un labeur incessant. Il préfère ce labeur quasi-indépendant et s'y acharne ; mais, c'est néanmoins une rude tâche pour lui, que de faire honneur à ses petites affaires.

Comme l'ouvrier, il est à l'entière discrétion des classes riches, financières ou commerçantes, dont il sent la pression douloureuse par tous les points de contact qu'il lui faut avoir avec elles.

C'est l'escompteur qui prête à usure ; le marchand en gros qui vend d'autant plus cher, que l'acheteur a plus besoin de crédit.

Le bourgeois prolétaire est donc facilement frondeur, ce qui explique ainsi qu'il soit anticlérical, disposition qui a donné tout son à-propos a la formule célèbre « *le cléricalisme c'est l'ennemi* ».

Simple prolétaire hier, il a nécessairement conservé de nombreuses attaches dans le prolétariat; et par impulsion naturelle, il est porté à défendre ce dernier, comme on défend sa famille ; ce qui ne l'empêche pas, par une apparente inconséquence, d'être plus rude dans ses rapports avec ses subordonnés, que le bourgeois de race. Il y a là un caractère psychologique spécial déjà constaté chez le prolétaire proprement dit.

Au fond, toutes ces anomalies d'actes et de pensées, qui semblent dénoter une capricieuse légèreté, dérivent donc d'une seule et même source, qui est l'instabilité du présent et l'insécurité de l'avenir.

Comme l'ouvrier, le prolétaire-bourgeois vit au jour le jour, et il doit gagner sa journée comme l'autre gagne la sienne ; avec cette différence qu'au lieu d'un salaire fixe et régulier, son profit est soumis à l'aléa de circonstances indépendantes de sa volonté. Cet aléa est l'équivalent du chômage.

Les travailleurs de cette catégorie ne sont, à bien prendre, que des agents en sous-ordre, mais qui n'en ont pas conscience, du système capitaliste dont ils ramassent les miettes. Ils contribuent d'autant plus à le soutenir qu'ils font partie de la matière exploitable, tout en étant eux-mêmes exploiteurs; on sait combien les grands magasins de vente pressurent le peti fabricant et comment le commerce de gros pressure le petit détaillant.

La bourgeoisie prolétarienne a besoin pour prospérer un peu, que le milieu ambiant offre certaines conditions indispensables de vitalité : Il faut que l'ouvrier qui est son principal client, gagne suffisamment pour acheter le nécessaire et aussi un peu de superflu ; il faut en outre que les gens riches fassent largement rouler l'argent pour que chacun ait sa modique part de la récolte. Alors, selon l'expression consacrée, les affaires marchent et la petite fabrique ainsi que le petit commerce vivent à peu près.

Cette condition de l'existence de la bourgeoisie-prolétarienne a été de tout temps exploitée par la réaction, avec une merveilleuse habileté et a servi, plus qu'on ne saurait croire, à faire le succès de toutes les manœuvres anti-démocratiques. C'est toujours là que s'est trouvée la pierre d'achoppement, qui a jusqu'à présent, fait dévoyer la bourgeoisie-prolétarienne de sa route naturelle, qui est l'émancipation du travail.

Le besoin impérieux de développer ses modestes affaires pour vivre sans trop de peine, est l'éperon qui aiguillonne constamment le petit commerçant et le petit fabricant. Il leur faut des affaires à tout prix, quel que soit le côté d'où elles sortent et cette nécessité, jointe à une instruction rudimentaire, ne leur permet pas toujours de voir assez bien, ce qu'il convient de faire pour aboutir aux améliorations politiques et sociales.

Le prolétaire bourgeois croit à l'action gouvernementale. Comme il obéit à l'excitation passionnelle de l'homme qui combat pour la vie, il se met aveuglément à la remorque de ceux qui lui paraissent résumer ses aspirations du moment; il suit de préférence, les politiciens qui font miroiter à ses yeux des améliorations matérielles immédiates, dont il doit profiter directement ; que ces promesses viennent de socialistes, de républicains, de monarchistes, il accepte d'abord ; mais il se détache avec la même facilité.

La diminution des impôts; l'allègement des charges ; cette fameuse reprise des affaires dont on parle toujours; cette extension coloniale, dont il n'a que faire, parce qu'il est trop loin des profits, mais qui l'affriande quand même ; tous les clichés, tous les refrains, qui servent aux intrigants depuis si longtemps, trouvent toujours chez lui un écho, malgré les précédentes déconvenues.

Voilà pourquoi la bourgeoisie-prolétarienne offre ces apparences de légèreté, qui déconcertent, quand on s'en tient à la surface des choses.

En regard de cet individualisme mesquin et comme compensation, on voit, dans certaines occasions, se faire jour une véritable explosion de sentiments patriotiques ; c'est la nature qui reprend le dessus. — Exemple : la réélection des 363 aurait pu inaugurer une ère nouvelle, si les 363 s'étaient montrés à la hauteur de leur mission.

En politique donc, le prolétaire-bourgeois urbain est soumis à une oscillation continuelle. malgré son instinct natif qui est essentiellement tourné vers la liberté ; mais il ne faut pas oublier, que ses tergiversations n'ont jamais pour cause, que le besoin de diminuer les difficultés de sa vie journalière. C'est de l'égoïsme pur sans doute, mais avec lequel il faut compter ; car l'instinct de la conservation personnelle prime toujours le dévouement au prochain, surtout dans les natures peu cultivées. *L'Altruisme* ne se développe qu'au fur et à mesure, et en raison direct du perfectionnement moral ; du reste, l'altruisme n'est pas, ne peut être dans notre société, un sentiment naturel : c'est un sentiment acquis et partant d'une extrême rareté.

Le parti réactionnaire et clérical a souvent très bien saisi l'avantage, qu'il pouvait retirer des sentiments purement égoïstes du prolétariat-bourgeois. Se rendant parfaitement compte, qu'il n'aura jamais dans le prolétariat-bourgeois, qu'un allié tantôt docile, tantôt rétif, qui songe beaucoup plus à son propre intérêt qu'au succès d'une réaction quelconque, le réactionnarisme a toujours mis en jeu une propagande d'intérêts et a très souvent réussi.

Le jour où le petit boutiquier et le petit fabricant auront compris qu'ils sont une proie pour le capitalisme, et que la sécurité du lendemain qu'ils recherchent avec tant d'inquiétude, ne peut leur être acquise que par une transformations sociale ; ce jour-là, la réaction aura perdu pour jamais toute son influence et le socialisme aura vaincu.

Sauf des degrés dans l'intensité, tout ou presque tout de ce qui vient d'être dit du prolétariat-bourgeois urbain peut s'appliquer à la fraction rurale.

L'intérêt personnel guide aussi le rural, et même avec une tenacité encore plus forte. — Le campagnard laboureur a un objectif vers lequel se tournent toutes ses pensées ; c'est l'amour de la terre. Son ambition est d'agrandir son champ, comme l'ambition de l'urbain est d'agrandir son commerce ou son atelier ; toute la différence réside en ceci : que la préoccupation du campagnard est d'ordre plus simple.

Nous n'avons parlé jusqu'ici que du prolétariat-bourgeois sceptique ou indifférent en matière religieuse ; il en existe encore une variété, principalement chez le rural : celle du paysan clérical des pays dévots. Celui-ci est ouvertement et franchement hostile à toute réforme politique ou sociale, et en est encore à suivre servilement l'inspiration de son curé.

Quant aux sentiments familiaux, ils sont à peu de chose près, ceux trouvés chez l'ouvrier industriel, avec une différence cependant tout à l'avantage du prolétariat-bourgeois ; c'est qu'il est beaucoup moins autoritaire envers sa femme et ses enfants.

Nous avions déjà noté cette amélioration en faveur du prolétaire rural, ici elle s'accentue fortement. La cause en réside vraisemblablement dans le fait, que la famille entière est généralement occupée au même travail.

Il est encore une supériorité morale à mettre à l'actif du prolétaire-bourgeois : c'est qu'il se laisse moins facilement entraîner à l'ivrognerie ou aux écarts de conduite. Ce n'est pas précisément par vertu, mais plutôt parce que la pensée du lendemain entre constamment dans ses préoccupations journalières.

Au point de vue électoral que faut-il conclure des considérations qui précèdent? Le prolétariat-bourgeois doit-il être rangé parmi les défenseurs du capitalisme? Non ; il ne peut y avoir entre eux qu'une antipathie déclarée, malgré quelques alliances passagères basées sur des équivoques.

Y trouvera-t-on un appui pour le socialisme? Pas davantage, aussi longtemps que le socialisme vrai, c'est-à-dire le progrès régulier et normal, restera confondu avec les doctrines intempérantes qui effraient au lieu de convaincre.

La classe protéiforme que nous analysons échappe, pour l'instant, à toute stabilité d'équilibre ; et il en sera de même, tant qu'elle restera dans les limites de son concept politique actuel.

Ses tendances sont certainement plutôt dirigées par nature du côté de la liberté, mais elles ont besoin d'être fixées définitivement et de sortir de ce vague, qui en fait un des éléments ondoyants du suffrage universel.

Or, comme l'expérience en a souvent fait foi, l'importance numérique de cet élément est telle, qu'à lui seul, il est assez puissant pour faire et défaire les majorités, pour provoquer ou arrêter une révolution, pour pousser en avant ou ramener en arrière ; et cela, inconsciemment, sans réflexion, par entraînement momentané, sous l'impulsion de comités sortis, on ne sait d'où, et formés par des ambitieux ; sous l'impulsion d'une presse payée ; ou ce qui est pire encore, sous l'impulsion d'un homme devenu populaire, la plus terrible des éventualités.

Il ne s'agit pas ici de simple hypothèse ; tout cela s'est réalisé de nos jours.

Tels sont donc ces trois groupes dont nous avons fait voir les mobiles passionnels ; et dont nous avons énuméré, sans parti-pris comme sans déguisement, les qualités et les défauts.

Ces trois groupes constituent le prolétariat tout entier, c'est-à-dire l'immense majorité du corps électoral.

Comme situation sociale, comme action directrice, comme ressort moral, il est évident que ces groupes se trouvent placés dans un état d'infériorité tout à fait incompatible avec des institutions, qui ont la prétention de se dire démocratiques.

Il est évident aussi, que si une classe doit impérieusement désirer une transformation sociale, c'est le prolétariat, sous ses deux formes typiques : prolétariat urbain et prolétariat rural, et sous sa forme de transition : prolétariat bourgeois.

Cette transformation sociale nécessaire, que nous croyons devoir être accomplie par un *processus* libérateur, lequel nous supposons dégagé de toutes les intolérances de sectes et que, faute d'un meilleur vocable, nous avons personnifié dans le socialisme ; cette transformation est, sans aucun doute, ardemment désirée ; mais les intéressés ne voient pas clairement la formule de délivrance, parce qu'ils sont aujourd'hui trop asservis par la préoccupation de la vie quotidienne, pour s'efforcer de comprendre des spéculations sociologiques.

Ils en sont, presque encore, à la loi primitive de la conservation de l'individu et de l'espèce par l'amélioration matérielle, le besoin de culture intellectuelle est relégué au second plan.

De là, un fond de sensualisme égoïste qui fausse les idées de saine morale ; et qui a pour corollaire électoral cette conséquence mauvaise : que l'intérêt personnel influe sur le vote d'une manière si puissante qu'elle prime l'intérêt général.

Et cette remarque n'est pas seulement applicable aux différents prolétariats, il en va de même du haut en bas de l'échelle sociale, et l'on doit même ajouter, que ce sensualisme égoïste croît en raison directe de la fortune des individus.

Tout cela serait peu consolant, si on ne songeait que cette situation ne peut être que transitoire.

Nous n'avons pas caché les défauts des classes prolétariennes et leurs graves inconséquences dans l'action. Mais il n'y a dans ces imperfections, que les classes dites supérieures leur reprochent avec tant d'acrimonie, rien qui ne soit rigoureusement conforme à la force des choses. De quel droit demanderait-on d'être conséquents, à des hommes dont la culture intellectuelle a, de tout temps, été, non pas seulement négligée, mais empêchée ?

N'était cette ignorance à vaincre, il ne resterait plus rien à faire, le progrès serait déjà accompli.

A chaque élection, l'ouvrier urbain cherche le candidat le plus révolutionnaire ; le rural prend celui qui lui est le plus adroitement présenté ; le prolétaire bourgeois va tantôt à l'un tantôt à l'autre.

Il n'y a d'ensemble réel que créé par le hasard ; et cet accord passager n'est pas toujours favorable à la cause du progrès.

S'il ne se forme pas d'opinion assez bien définie pour réunir l'unanimité du prolétariat ;

à qui la faute, sinon à ceux qui ont assumé la charge de faire son éducation politique ?

Mais, c'est là un point délicat sur lequel il y aura lieu d'insister.

En résumé, la caractéristique est :

Pour le prolétariat urbain : « *Un besoin passionné d'émancipation.* »

Pour le prolétariat rural : « *L'indécision et l'ignorance.* »

Pour le prolétariat bourgeois : « *L'instabilité.* »

Pour l'ensemble : « *L'intérêt immédiat engendrant la mobilité.* »

CHAPITRE VI

DE LA PETITE BOURGEOISIE

SOMMAIRE. — Premier degré des classes réactionnaires. — Sa composition. — Sa dominante intellectuelle est l'inconséquence. — Elle a acclamé et combattu tous les régimes. — Elle est en ce moment républicaine sans conviction. — Sa crainte de la ruine. — Sa force numérique. — Ses sympathies pour l'opportunisme débutant. — Elections de 1885. — Scission, partie vers la droite, partie vers la gauche. — Sa crainte des théories révolutionnaires — Dangers d'une république opportuniste. — Inconséquences de la petite bourgeoisie en matières religieuses. — Sentiment familial très développé, mais exclusif. — Dédain pour le peuple et le travail manuel. — Encore l'individualisme.

Après l'étude des couches électorales qui suivent plus ou moins vite la pente conduisant au socialisme; il reste à examiner les classes, qui, par intérêt, position ou conviction, sont entraînées dans un courant absolument opposé.

Il va sans dire qu'ici encore, il s'agit des types généraux sur lesquels se greffent de nombreuses variétés et sous-variétés.

Tout d'abord se présente la petite bourgeoisie urbaine et campagnarde. Cette petite bourgeoisie forme avec la bourgeoisie prolétarienne la transition entre les doctrines franchement démocratiques, et les doctrines franchement réactionnaires; c'est pour ainsi dire, le sommet de démarcation; le bourgeois prolétaire penche à gauche, le petit bourgeois penche à droite. D'un côté comme de l'autre, la marche est indécise, hésitante et pleine d'imprévu.

Dans les villes, la petite bourgeoisie s'occupe de commerce et d'industrie, dans des proportions plus étendues que la bou rgeoisie prolétarienne.

On pourrait dire qu'elle en représente un équivalent élevé à la seconde puissance. Tous les petits parasites en font partie, et c'est là que se recrute une quantité considérable d'employés publics, qui n'ont pas les dents assez longues pour mordre en plein dans les gros morceaux du budget; mais qui en grignottent cependant une portion fort respectable, en raison de leur quantité.

On y trouve encore tous les improductifs, que l'incohérente organisation des échanges, dans notre société, oblige à faire office d'intermédiaires de superfétation, pour toutes les opérations commerciales,

Le fond intellectuel de la petite bourgeoisie est une prodigieuse inconséquence: inconséquence politique, inconséquence morale, inconséquence religieuse. Henri Monnier en a dépeint dans son immortel Joseph Prudhomme les vanités, les ridicules et les préjugés.

Ceci n'empêche pas le petit bourgeois d'être intelligent, mais d'une intelligence spéciale; une intelligence qui se concentre entre les quatre murs d'une boutique, une intelligence d'épicier prétentieux.

En fait de mobilité politique, *la petite bourgeoisie* urbaine et campagnarde nous a fait assister à d'étranges soubresauts. Dans ce siècle, elle a crié : vive la République, vive l'Empereur, puis en 1814, vivent les Bourbons, quoique ces derniers fussent accompagnés de leurs bons amis les *Alliés*. Sous Charles X, elle criait « à bas la calotte » et sous Louis-Philippe, « vive la Réforme ». En 1848, elle a puissamment aidé la coalition cléricale à écraser le Socialisme d'alors ; uniquement, parce qu'elle a eu peur de la fameuse formule renouvelée par Proudhon : « *la propriété, c'est le vol* » parce que le communisme de Pierre Leroux l'effarouchait ; parce que l'Icarie de Cabet la stupéfiait, et surtout, parce que la rente baissait et que les affaires périclitaient.

Elle a fait l'Empire de Napoléon III et s'est, après la guerre de 1870, éprise d'un ardent, mais subit amour de la République. Cet amour peut s'évanouir comme il est venu ; car il repose, non sur une conviction raisonnée, mais sur la rancune née de la défaite et des cinq milliards payés aux Prussiens.

La bourse du petit bourgeois est mieux garnie que celle du prolétaire-bourgeois ; aussi plus encore que ce dernier, il craint de la perdre.

Chaque fois qu'elle s'est manifestée, cette peur l'a affolé et a influé sur ses opinions politiques, presque constamment dans le sens de la réaction. C'est elle qui a fait le succès du spectre rouge.

Les mêmes sentiments animent le petit bourgeois campagnard, mais encore plus étroits. En province, le manque de frottement et d'échange dans les idées rétrécit le cerveau dans un cercle de pensées extrêmement restreint, et il en résulte pour le petit bourgeois les conceptions sociales les plus fantastiques, qui l'entraînent aux changements les plus inattendus.

Quoi qu'il en soit, en raison de la force numérique de la petite bourgeoisie, les coups de force ne peuvent réussir sans son appui, pas plus que les sauveurs ne peuvent espérer de succès sans elle ou contre elle, surtout lorsqu'elle marche d'accord avec le prolétariat-bourgeois, ce qui arrive toujours dans les circonstances un peu critiques. Le gouvernement du maréchal Mac-Mahon a bien été forcé de le comprendre et il a dû s'arrêter devant un veto invincible, tout autant que devant la crainte des chassepots, qui menaçaient de partir tout seuls.

Pour le petit bourgeois, l'opportunisme se présenta avec quelque chose de négatif, qui ne manquait pas d'attraction, car il s'alliait très bien avec sa crainte du changement.

Dans sa pensée, l'opportuniste ne pouvait être qu'un compère complaisant qui ne tenterait jamais rien de préjudiciable à la haute et à la basse bourgeoisie, de plus avec lui, les occasions se multipliaient à souhaits de faire des fonctionnaires avec les petits bourgeois. Or, le fonctionnarisme, c'est le pôle d'attraction.

Malheureusement pour ces bons compères, le désarroi financier et la crise industrielle sont venues troubler leur quiétude, le charme s'est brusquement rompu et le pacte a reçu un terrible accroc aux dernières élections. Il y a dans ce fait, s'il persiste, le commencement d'un avatar intéressant, qu'il sera curieux de suivre dans l'avenir, et qu'il est bon de juger dès à présent.

La petite bourgeoisie, abandonnant l'opportunisme qui ne répondait plus à ses espérances, est allée aussi bien à l'extrême-gauche, qu'à l'extrême-droite; et c'est le centre opportuniste qui a payé les frais de la guerre.

En somme, les élections de 1885, dont se sont tant enorgueillis les monarchistes, ont apporté à la réaction un nombre de voix assez considérable, empruntées à la petite bourgeoisie. Cela n'est pas douteux. Mais de là, à conclure à une victoire réelle, il y a loin. Les oppositions de droite et de gauche, ont très habilement et très justement fait ressortir les gaspillages budgétaires et la folie des expéditions ruineuses, entreprises, répandait-on, pour favoriser des intérêts particuliers, louches et inavouables.

La petite bourgeoisie est beaucoup plus attentive aux questions d'économie qu'aux questions de principes; aussi cette critique financière l'a très vivement impressionnée.

D'opportuniste qu'elle était primitivement

toute entière, elle s'est donc subitement scindée ; et la partie qui se dégageait ainsi, s'est elle-même divisée en trois tronçons; un, qui qui tombant dans l'indifférence et le doute, s'est abstenu ; un autre qui est allé droit à la réaction ; et enfin, un troisième qui est allé au radicalisme. Ce dernier point est d'autant plus à noter, qu'il y a là un pas fait dans une voie nouvelle ; et que ce premier pas pourrait bien être continué.

En effet, rien de véritablement déterminant ne porte le petit bourgeois du côté de la réaction, si ce n'est la crainte bête de perdre ses quatre sous, et une appréhension niaise, devant des doctrines politiques jusqu'alors inconnues pour lui, qu'il suppose devoir porter atteinte à sa situation de bourgeois patenté, commerçant ou industriel.

Il est certain que la petite bourgeoisie, depuis 1881 surtout, a gagné un peu d'aplomb et qu'elle a évolué constamment, quoique lentement, du côté de la République. Elle eût marché dans ce sens, d'un pas certainement beaucoup plus rapide, si elle eût été assurée que ses affaires d'intérêts ne devaient pas en souffrir.

Le petit bourgeois rural entend aujourd'hui, sans sourciller, les épithètes de république *démocratique*, de république *radicale*, qui, il y a vingt-cinq ans, l'auraient épouvanté ; par exemple, il n'en est pas encore à admettre le mot de république *démocratique et sociale*. Ce mot « sociale » ne lui dit rien qui vaille.

Les théories révolutionnaires, communistes ou anarchistes, l'effraient ; surtout, quand elles prennent une forme comminatoire et menacent de supprimer la bourgeoisie, en supprimant le bourgeois. Il trouve là le ressouvenir des anciens partageux de 1848, qui avaient été inventés par la réaction, tout exprès pour faire éclore un sauveur. Comme en 1848, la peur pourrait le rendre brave, et lui faire, encore une fois, apporter un concours actif à une répression sanglante. Les prédicateurs de violence feraient bien d'y réfléchir.

En somme, la petite bourgeoisie paraît être en ce moment, arrivée à un état pyschologique tel, qu'il faudrait peu de chose pour accentuer la ligne de démarcation déjà indiquée et compléter au dépens de l'opportunisme un partage d'opinions nettement définies ; les unes retournant aux réactionnaires, les autres, devenant franchement progressives.

Du reste, nous l'avons déjà fait remarquer, il est absolument indifférent pour ne pas dire plus, à la cause socialiste, que les opportunistes ou les pseudo-républicains, perdent du terrain dans l'esprit public. Une république opportuniste est même beaucoup plus dangereuse qu'une réaction ouvertement monarchique ou cléricale ; en ce sens, que les opportunistes, sous des apparences de républicanisme, n'ont d'autre but que d'éterniser le pouvoir entre leurs mains. Le seul inconvénient, et il est certainement grave, c'est de désaffectionner la petite bourgeoisie et même le prolétariat bourgeois du régime républicain, qui, seul, peut réaliser les réformes nécessaires. De cette désaffection, perfidement entretenue par les prétendants, peuvent naître des tiraillements capables de lancer la petite bourgeoisie affolée et désorientée, dans les horreurs d'une guerre civile, ou dans les bras d'un nouveau sauveur. Cela est d'autant plus à craindre, que le prolétariat d'industrie, à qui on promet tout et à qui on ne donne rien, las d'attendre et pressé par la misère, pourrait bien, un beau jour, prêter l'oreille aux excitations violentes. Il est donc de la dernière urgence de parer à ces redoutables éventualités.

Comme les sentiments religieux, par action réflexe, ont toujours une influence notable sur les sentiments politiques, il faut se demander quels sont ces sentiments chez le petit bourgeois.

Au fond, il n'est pas dévot, bien que dans diverses occasions, il cherche à le paraître.

Le campagnard surtout feint de croire et suit au besoin les offices ; mais en dessous, il se moque agréablement de son curé.

Il y a dans cette affectation de dévotion, une question de mode qui lui vient de la haute et de la moyenne bourgeoisie, qu'il copie et qu'il imite servilement, comme on fait de toutes les modes. Il tend au cléricalisme aujourd'hui, comme il était voltairien à l'époque où la mode tournait à l'athéisme.

Le petit bourgeois confesse entre amis, à table, qu'il ne croit pas, lui, père, époux et patron, aux balivernes de ce qu'il appelle la prêtraille ; mais il a soin d'ajouter, qu'une religion est indispensable pour maintenir dans le droit chemin les femmes, les enfants et le peuple. On reconnaît le Joseph Prudhomme dans toute sa pureté, Aussi, il ne manque pas de baptiser ses enfants et leur fait faire leur première communion. Il appelle le curé au lit de mort de ses parents et clabaude contre les *enfouissements* des libres-penseurs. Il va même jusqu'à se laisser administrer à lui-même les derniers sacrements.

Si ce n'était qu'un ridicule de plus, il n'y aurait pas à s'en occuper autrement ; mais cette tendance au cléricalisme recèle un danger, en ce sens que le petit bourgeois, surtout le rural, prête ainsi l'oreille aux insinuations du prêtre dont l'esprit est beaucoup plus souple et plus délié que le sien.

Le prêtre saura toujours troubler un jugement bourgeois et y faire naître l'indécision en matière politique ; en supposant même qu'il ne puisse aller plus loin et ne parvienne pas à le conquérir tout à fait.

Comme situation économique, le petit bourgeois, tout en n'ayant pas assez de fortune pour vivre de ses rentes, est cependant à l'aise. Il condense entre ses mains, le fruit du travail de ses ouvriers et de ses employés, avec la perspective, qui se réalise souvent, de monter d'un échelon ou deux et de parvenir à la moyenne ou à la grosse bourgeoisie. Par contre, son ambition de fortune en fait aussi souvent le gogo des faiseurs de la haute finance; c'est le revers de la médaille.

Le sentiment familial est développé chez le petit bourgeois à un degré très intense. Son ambition est de voir ses enfants s'élever à une condition supérieure à la sienne, et il ne recule devant aucun sacrifice pour arriver à ce résultat. Il travaille et économise pour les siens jusqu'à la mort, et généralement sa femme partage ce dévouement à la marche ascendante de sa race. Cette abnégation de soi-même, se renferme d'ailleurs strictement dans les limites de la famille, en dehors d'elle, il ne connaît plus pour le reste de l'humanité qu'un universel « *nescio vos* ».

La solidarité est pour lui, non pas un mot inconnu ; mais un non-sens, qui représenterait plutôt une idée subversive, qu'une idée morale. Sa fierté bourgeoise ne veut admettre aucune espèce de fraternité, avec les classes qui s'agitent au-dessous de lui. Il en parle avec un superbe dédain et les qualifie selon l'occurence, de peuple, populace ou canaille ; le mot dépend un peu des dispositions de son humeur et du sujet de la conversation. Il se croit sincèrement au-dessus du peuple et le dit en toute bonne foi; il n'est pas peuple, parce qu'il est plus riche, et qu'il paie les gens du peuple pour travailler. Cette conviction est cause qu'il n'éprouve aucune considération pour le travail manuel, qu'il regarde comme abject et qui doit rester le lot des classes inférieures. Il ne comprend pas la société sans cette couche de misérables, dont la destinée sociale est de servir les gens riches, et d'accomplir les travaux fatiguants ou répugnants, dont se froisserait la susceptibilité délicate de la bourgeoisie.

Pour lui, il faut donc de toute nécessité qu'il y ait des pauvres : la pauvreté étant un aiguillon irrésistible pour forcer les gens à travailler. Du reste, en tout ceci, il ne fait simplement que professer la théorie officielle du capitalisme, et le culte de l'argent dont il a été imprégné dès le berceau,

On conçoit que cette manière de penser n'en fasse pas précisément un allié de l'autre théorie : la théorie socialiste, qui prêche avant toute chose, l'affranchissement des classes prolétariennes.

Néanmoins, comme il est loin du pouvoir et qu'il occupe dans la hiérarchie bourgeoise la place la plus humble, il éprouve un sentiment d'envie,qui se manifeste volontiers par une oppotion plus ou moins vive, à l'égard des classes plus favoriséee.

L'esprit frondeur de la petite bourgeoisie des seizième et dix-septième siècle revit en lui dans toute sa vivacité ; d'autre part, comme il est devenue calculateur et que les problèmes sociaux en discussion semblent toucher malencontreusement ses privilèges, il n'hésite jamais à renier ses instincts d'opposition, pour ne songer qu'à ses chers intérêts.

Sur ces données, il est possible de faire quelques hypothèse d'avenir et de tirer quelques conclusions.

Entre le Capitalisme, qui représente les privilèges bourgeois, et le socialisme, qui représente les revendications plébéiennes, la petite bourgeoisie penche vers le Capitalisme, et cela se conçoit, car le Capitalisme lui concède forcément quelques-uns de ses privilèges et paraît lui laisser le champ libre pour en conquérir encore de plus grands. Les privilèges sociaux croissant en raison directe du Capital; il ne s'agit donc pour elle que d'entasser à la force du poignet, le plus possible de ce capital. C'est ainsi que la question lui est présentée, pour ainsi dire dès le berceau, par les classes plus élevées de la haute bourgeoisie qui, elles, savent parfaitement où elles en sont, ce qu'elles veulent et où elles vont.

La petite bourgeoisie, tout en marchant dans cette voie, est cependant bien obligée d'en reconnaître les difficultés, et de se rendre compte qu'elle est soumise pieds et poings liés, à la direction financière de cette haute bourgeoisie qui la conduit sans la consulter, qui l'exploite sans vergogne et qu'elle est forcée de suivre, impuissante qu'elle est à lui résister. Il y a marche dans le même sens, mais ce concert apparent ne se manifeste pas sans une certaine répugnance. Le petit bourgeois ne s'engage du côté de la réaction que faute d'un objectif plus attrayant ; la preuve en est toute entière dans ses tergiversations incessantes.

Dans cette occurence, pourquoi les écoles réformatrices, qui croient tenir la formule vraie de l'organisation sociale rénovatrice, n'ont-elles pas cru devoir s'occuper de la petite bourgeoisie, comme elles se sont occupées et s'occupent encore du prolétariat ? Sans doute, il est bon de courir d'abord au secours des plus malades ; mais ce n'est pas une raison pour négliger ceux qui sont moins gravement atteints.

Puisque l'usurpation capitaliste fait sentir le plus dûrement son joug aux couches pauvres de la société, pour l'alléger de degré en degré à l'égard des classes moins subordonnées, la petite bourgeoisie, qui se trouve au point intermédiaire, a nécessairement sa part de complicité, à cause de l'oppression qu'elle fait subir à ceux d'en-bas ; mais, à son tour, elle a droit elle-même à une part de protection, contre l'oppression qu'elle subit de ceux d'en haut.

S'il est rationnel de faire voir au peuple où sont ses ennemis et de stimuler sa volonté d'échapper au joug, il semble tout aussi rationnel de distinguer et de faire à chacun son lot de responsabilités.

En cela, les adversaires du capitalisme ont été trop exclusifs en concentrant tous leurs efforts dans l'attaque ; la tactique est insuffisante, car il ne s'agit pas seulement de démolir, il faut ensuite reconstruire. Dans cette attaque, la petite bourgeoisie a été chargée du même anathème que la haute bourgeoisie. C'était injuste : Chez la haute bourgeoisie, en effet, il y a préméditation, chez la petite bourgeoisie, il n'y a qu'entraînement irréfléchi.

A notre avis, c'est un tort d'avoir considéré comme impossible ou inutile, la tentative de se faire une alliée de la petite bourgeoisie. On a mieux aimé l'effrayer que la convaincre ; cependant, il semble qu'il n'eût pas été si difficile de lui prouver qu'une réorganisation sociale pourrait s'opérer, sans heurt violent et sans que ses intérêts en souffrissent réellement.

Si on lui eût fait comprendre que ce qui lui échapperait d'une part, elle le récupérerait certainement de l'autre, il est probable que son opposition se fût fort amoindrie et le socialisme compterait un élément de plus, un adversaire de moins.

Or, comme il sera établi plus loin, la petite bourgeoisie unie au prolétariat bourgeois forme plus des quatre dixièmes du corps électoral ; et comme neuf fois sur dix, le prolétariat bourgeois vote avec la petite bourgeoisie, on comprend quelle force apporterait au socialisme un pareil appoint.

CHAPITRE VII

DES CLASSES FONCIÈREMENT RÉACTIONNAIRES

SOMMAIRE. — Composition des classes réactionnaires, leur habileté, leur force et leur but. — Union d'éléments disparates, sous le nom de conservatisme. — Fraction cléricale-réactionnaire, mais avant tout intéressée. — Noblesse. — Entente politique entre la noblesse et la bourgeoisie. — Moyenne et grosse bourgeoisie. — Haute finance. — Son champ d'action. — Sa main-mise sur les affaires industrielles et commerciales. — Bourgeoisie républicaine et opportuniste. — Son désarroi moral. — Son action politique. — L'opportunisme, allié naturel du capitalisme. — Influence générale des groupes réactionnaires, propriétaires terriens. — Influence de la réaction dans l'armée, la diplomatie, la magistrature. — Influence du clergé. — Influence de la haute bourgeoisie. — Conclusion.

Il ne nous reste plus à étudier que les classes résolument hostiles à tout progrès social, parce que nul progrès social ne peut se réaliser, sans les troubler dans leur quiétude.

Les unes restent dans l'entière logique de leurs principes, et n'admettent rien qui ait l'apparence d'une démocratie ; les autres font, au besoin, une concession aux exigences des temps, et admettent, forcées et contraintes, une république ; mais à la condition qu'elle soit essentiellement bourgeoise.

En toute occasion, les unes et les autres font preuve d'une irréconciliable hostilité envers le socialisme.

Ces classes se composent : de la noblesse, ancienne ou nouvelle ; de la moyenne et de la haute bourgeoisie ; et de tout ce qui, de près ou de loin, touche au clergé.

Il n'en est plus de ces différentes classes, comme des classes populaires qui flottent souvent dans une ignorante indécision ; celles-là sont au contraire instruites, habiles, expérimentées, quelquefois sans scrupules, et savent exactement ce qu'elles veulent et ce qu'elles ne veulent pas.

Ces classes disposent du capital, c'est-à-dire, de l'industrie, du commerce, de la finance et du sol lui-même. De là, le nom de *capitalisme*.

Cette concentration de la plus grande partie des richesses nationales, leur a donné une influence dirigeante proportionnelle ; de sorte qu'à la puissance matérielle de l'argent, elles ont joint la puissance active des pouvoirs législatif, exécutif et judiciaire ; elles ont, en un mot, accaparé toutes les forces sociales.

Naturellement, l'unique préoccupation de ces privilégiés a toujours été, non-seulement de conserver leurs privilèges, mais de les étendre autant que faire se pouvait encore.

Pour eux, l'ennemi par excellence, c'est le socialisme, avec tout l'ensemble de ses revendications politiques et économiques ; et ils luttent contre lui, de même qu'à d'autres époques, leurs prédécesseurs luttaient contre ce qui était déjà le socialisme, et qui avait alors pour noms : communes, réforme, philosophisme, révolution.

Ces privilégiés ont un but final bien déterminé et toujours le même, peu importe que ce but soit visé par des partis divers et souvent hostiles l'un à l'autre, comme la royauté, l'empire ou la république bourgeoise ; l'essentiel pour toutes, c'est d'empêcher à tout prix l'avènement des couches prolétariennes qu'elles dominent, qu'elles exploitent et dont elles vivent.

Une entente étroite, cimentée par un intérêt commun, réunit donc politiquement, sous le nom générique de *conservatisme*, toutes ces classes, malgré les divergences de sentiments ou d'éducation, les jalousies, les mépris, les rancunes, les compétitions de toutes sortes qui les animent les unes contre les autres.

Elles sentent qu'elles ont à lutter contre un flot qui monte sans cesse; et voulant éviter d'être submergées, si elles n'oublient pas leurs dissensions, du moins elles les dissimulent pour faire front à l'adversaire socialiste.

C'est le spectacle étrange qu'on a pu voir aux élections de 1885, qui resteront comme un curieux exemple d'alliance intime entre des partis monarchiques inconciliables.

A ce sujet, on ne peut s'empêcher de penser, que si les groupes populaires avaient seulement le quart de cette persistance dans la volonté et de cette unité dans l'action, il suffirait d'un seul scrutin pour changer l'axe de la société.

Cette ligue, qui, au point de vue des nombres, ne constitue, en somme, qu'une infime minorité, dispose cependant de moyens d'action d'une énorme puissance.

Montrer les éléments de cette puissance, c'est faire la critique de notre société toute entière.

La plus ancienne de ces classes réactionnaires et la plus fertile en expédients, celle qui a commencé avec les civilisations naissantes, et qui a eu l'esprit assez délié pour maintenir son prestige, non seulement auprès des peuples babares, mais aussi auprès des peuples civilisés, et qu'on retrouve encore vivace et vigoureusement implantée aussi bien chez les peuplades du Congo, d'Australie ou de la Terre de Feu, que chez les nations policées d'Europe et d'Amérique, est la caste qui s'abrite derrière l'entité métaphysique appelée *Dieu*, entité qu'elle a eu le talent de faire germer dans les esprits crédules des peuples enfants, et qu'elle a si bien entretenue, qu'elle en vit encore aujourd'hui aussi largement qu'aux premiers jours.

Qu'on affuble cette espèce parasitaire de n'importe quel titre sacerdotal et qu'on donne à son maître n'importe quel nom, c'est toujours le même parasitisme, toujours la même comédie. Que le Dieu soit Ormuz, Moloch, Jupiter, Jéhova, Brahma, Jésus, le principe est partout le même, et les apôtres sont constamment doués du même appétit. Pour le moment, ils font cause commune avec la réaction, qui a tout intérêt à s'en servir et qui les paie largement; mais il n'y a pas à s'y méprendre, cette classe travaille surtout pour elle-même, et planterait là sans vergogne, ses alliés d'aujourd'hui, si elle croyait trouver dans une autre forme de société, plus d'avantages palpables et plus de sécurité.

Il est inutile de rappeler que l'Eglise se place au-dessus des partis et des ambitions humaines; elle a fait de cette règle de conduite un dogme sur lequel ses docteurs ont délayé de fort touchantes homélies; l'Eglise se considère comme n'étant inféodée à personne.

En toute occasion, elle agit donc selon son profit; elle a béni les arbres de la liberté en 1848; elle a chanté des *te Deum* à la gloire de l'Empire; elle cherchera, sans espèce de doute, à se faufiler dans le socialisme quand elle y verra son avantage.

Elle a du reste commencé à jeter les premiers jalons pour cette nouvelle évolution, en créant le socialisme catholique et les cercles ouvriers. D'ailleurs, elle ne sera pas embarrassée pour expliquer son changement de front et les raisons ne lui manqueront pas: Les premiers chrétiens ne mettaient-ils pas tout en commun: biens, pensée et travail. N'est-ce donc pas du communisme, cela, et du meilleur?

Et comme le communisme, sous sa forme modernisée de collectivisme, a des prétentions à constituer le socialisme tout entier, rien ne prouve qu'un beau jour, le cléricalisme catholique ne viendra pas lui tendre la main et lui dire : « Collectivisme, mon frère, je suis votre aîné; lisez plutôt les évangiles. »

Sans doute, le collectivisme ne serait pas précisément dans la joie; mais étant donné le caractère clérical, il n'y a dans notre supposition, rien d'irréalisable, surtout si l'on considère que le cléricalisme est capable de trouver assez de miel pour faire passer la pilule.

Mais revenons à notre sujet. Dans l'ordre de l'histoire, après le clergé : élément théocratique, apparaît la noblesse : élément militaire.

Parler d'une noblesse dans notre république peut paraître sans doute le comble du ridicule, mais ce ridicule, ce n'est pas nous qu'il atteint, puisque la république n'a pas encore su abolir les qualifications nobiliaires.

La république, il est vrai, ne s'est pas risquée à créer des ducs et des barons à elle; mais en bonne fille qu'elle est, elle laisse tranquillement s'enorgueillir de leurs parchemins, ceux que lui ont légués les anciens régimes. Il semble même quelquefois qu'elle paraisse mettre une vaniteuse complaisance à se faire représenter par des gens titrés : petitesse de parvenue qui sied à une république bourgeoise.

On dit que la noblesse n'existe plus depuis 1789 en temps qu'ordre privilégié. C'est vrai, si l'on a égard aux nombreux droits féodaux qu'avait institués le moyen-âge. Mais, si la noblesse a perdu les anciens privilèges spéciaux à sa caste, elle a conservé la faculté de jouir de tous ceux, dont la bourgeoisie a précieusement ramassé les morceaux, ou qu'elle a créés pour son usage particulier.

Sans doute l'ancienne noblesse se désagrège et ne forme plus un corps politique spécial comme autrefois; mais cet émiettement n'a d'autre résultat que de venir grossir l'oligarchie bourgeoise.

Ce rapprochement est resté d'ailleurs d'ordre essentiellement politique; car sur les autres terrains les familles titrées éprouvent encore aujourd'hui pour la roture le même dédain qu'au siècle dernier. La prééminence des quartiers ne s'est pas effacée il s'en faut, malgré l'espèce de promiscuité politique qu'ils sont forcés de subir avec la bourgeoisie.

La meilleure preuve en est dans cette ligne de démarcation, qui sépare les gens de qualité des simples riches. Il faut que la roture soit bien fastueusement dorée, pour voir s'ouvrir la barrière qui la sépare des gens bien nés.

Sauf le cas où l'argent est d'un pressant besoin, et où la victoire lui reste forcément, il faut voir avec quel soin jaloux, les descendants des preux contemporains des croisades, ou même simplement les fils des anoblis du XVIIIe siècle, ont conservé le devoir strict de ne s'allier qu'entre eux.

Et il n'est pas ici seulement question, comme on pourrait le croire, des douairières bigotes du faubourg Saint-Germain ou de quelques vieux vidames, retour de Coblentz; cet exclusivisme est général.

Dans ce monde, c'est affaire de convenance que le sang bleu ne se mésallie pas, à moins qu'il y ait nécessité absolue de redorer un blason.

La chose est pire encore en province, où le moindre hobereau hérite, avec son pigeonnier, de toute la morgue de ses ancêtres.

Il parait superflu d'ajouter qu'avec de semblables sentiments, jamais la noblesse ne pourra s'entendre avec un socialisme quelconque, fut-ce même un socialisme clérical.

Voici maintenant la plus puissante et la plus nombreuse des fractions conservatrices. Comprenant l'ensemble de la moyenne et de la grosse bourgeoisie, les deux ne différant entre elles que par une simple proportion en plus ou en moins.

Les principaux champs d'action de la moyenne et de la grosse bourgeoisie sont : la finance, l'industrie et le commerce.

La haute finance a dans la main tous les établissements de crédit, et tient ainsi les cordons de la bourse de tous les gouvernements. L'action directe des hauts banquiers, après les publications de Toussenel, Drumond, Chirac et tant d'autres, n'est plus un secret pour personne.

Il n'y a même pas lieu de prendre spécialement les juifs à partie; car il suffit de devenir financier, pour acquérir d'emblée tous les instincts d'absorption qui distinguent le juif.

Tout le monde connaît les noms des Crésus de l'époque, qui font à leur gré, hausser ou baisser les cours de la Bourse ; et qui ont assez de créatures à leur dévotion, dans les gouvernements, pour imposer leurs volontés et faire prévaloir les combinaisons qui leur sont profitables.

En outre, de cette action, qu'on pourrait appeler gouvernementale, la haute finance dispose directement, soit par la propriété, soit par l'exploitation, ou indirectement par son concours financier, des mines, des chemins de fers, des canaux, de la navigation fluviale et maritime, et de quantité d'autres services, rentrant dans la catégorie des services publics.

Il suffit de jeter les yeux sur la série de valeurs qui se négocient en bourse, pour saisir de suite, combien est immense la sphère de ses opérations.

Nous n'avons pas à considérer ici, la façon dont la haute finance sait profiter de la danse des millions dont elle mène le branle ; pas plus que les tripotages malpropres, qui constituent ce qu'on appelle l'habileté financière. Ce serait rentrer dans l'analyse intime de la moralité de la race des gens d'argent, ce qui est étranger à notre sujet.

Nous avons parlé jusqu'ici du dessus du panier de la grosse bourgeoisie, retranchée dans la haute finance. La moyenne bourgeoisie la suit avec une jalouse émulation ; et si elle ne donne pas autant de prise au blâme, ce n'est peut-être pas qu'elle soit plus honnête que son émule, mais bien parce que ses griffes sont moins longues et ses dents moins aigues.

La bourgeoisie financière a encore un autre rôle extrêmement important: c'est de prêter un concours actif aux deux fractions de sa classe, qui se spécialisent dans l'industrie et le commerce.

Ce conccurs, naturellement intéressé, (la finance ne perdant jamais de vue le profit), donne lieu souvent à des débats peu courtois et sert de prétexte à de superbes flibusteries, mais, ce sont affaires de famille, et ces dissensions intimes n'influent en rien, sur l'accord politique, qui ne cesse jamais d'exister entre ces fréres ennemis.

Il n'y a pas lieu de s'appesantir plus longtemps sur la trinité bourgeoise qui préside, au grand détriment du progrès, aux destinées de la finance, de l'industrie et du commerce. Remettons d'autre part, pour un peu plus tard, les quelques mots à dire sur la fraction réactionnaire, qui a fait main-basse sur la magistrature, la diplomatie, l'administration, l'armée, et sur les professions que, par une réelle antinomie, on appelle professions libérales.

Jetons d'abord au panier l'opportunisme, ou bourgeoisie soi-disant républicaine : la plus étrange création qu'ait enfantée notre siècle si fécond en improvisations bizarres.

Il est difficile de discerner si l'opportunisme est composé de bourgeois qui veulent faire de la démocratie, ou de démocrates qui veulent faire du bourgeoisisme ; on trouve en effet de l'un et de l'autre dans cet amalgame politique.

Comme personnel militant, l'opportunisme a eu de tout : des hommes d'un réel talent, étoiles brillantes au-dessus d'une foule de comparses sans valeurs, lesquels se contentaient d'être doués d'un robuste appétit.

La marque de l'opportunisme, c'est surtout la facilité de palinodie, que sa formule même mettait à la disposition de ses adeptes pour expliquer des défections, qu'on n'aurait certes pas pu d'avance supposer possibles.

L'opportunisme a fourni ce spectale lamentable d'hommes qui, après avoir donné pendant longtemps des gages sérieux de leur dévouement au progrès, se sont tout à coup perdus dans l'affolement du pouvoir et ont terni leurs services passés, pour la triste satisfaction d'ambitions malsaines.

On a vu des vertueux qui avaient résisté aux sollicitations de l'Empire, se flétrir dans de malpropres tripotages ; et des combattants éprouvés rendre piteusement leurs armes. Ils n'ont pas su résister à la fièvre du succès.

L'opportunisme semble s'être donné pour mission de ne rien faire complètement, de tout essayer sans terminer jamais ; de toucher à tout, sans changer aucune chose, ou le moins possible. Ce système saute aux yeux jusque dans celles des lois élaborées par lui qui apparaissent véritablement progressives, mais qui ne le sont qu'à moitié : la loi sur l'enseignement primaire, gratuit et obligatoire, n'est pas complétée par la gratuité de l'enseignement secondaire; il a tourné la loi militaire par l'exception du volontariat d'un an; tout en maintenant scrupuleusement le budget des cultes, il a chassé quelques jésuites, pour se donner un semblant d'hostilité contre le cléricalisme. Et de tout il va de même : lois sur les syndicats, lois d'impôts, décrets arrêtés administratifs, tout est incomplet, tout est boiteux, tout est fait dans le but de ne pas déplaire à la bourgeoisie.

L'opportunisme, avec ses écœurants abandons de principes, n'est qu'un produit bâtard qui ne pourra jamais s'accommoder du socialisme. Il lui faudrait pour cela renoncer aux sinécures, aux affaires, aux gaspillages, il n'y consentira jamais.

L'opportunisme ne peut vivre que sous l'aile du capitalisme et cela est si bien compris de ses adeptes, qu'ils n'hésitent jamais à s'allier avec les pires ennemis de la République, pour combattre des candidatures socialistes. A leurs yeux, il n'y a de république que la république opportuniste. Il préfèrent voir élire un réactionnaire avéré, plutôt qu'un socialiste. Instinct de conservation.

Il n'y a pas à se dissimuler, que l'influence de tout cet ensemble réactionnaire est encore considérable.

La noblesse possède la plus grande partie de la propriété foncière. Si on y ajoute les gros et les moyens richards de la bourgeoisie, on trouve que le sol, qu'on croit si morcelé, appartient pour les neuf-dixièmes aux classes riches et pour un dixième seulement au paysan-cultivateur.

Qu'on songe dès lors à la pression électorale que peuvent exercer tous ces propriétaires fonciers, étant donné le milieu rural, sur cette légion de fermiers, de tenanciers, de subordonnés de toutes sortes, dont l'existence entière dépend du maître.

La noblesse a en outre, conservé le goût de ses ancêtres pour le métier des armes, et les jésuites préparent chaque année pour l'école polytechnique, l'école de Saint-Cyr et pour l'école navale, quantité de fils de famille, qui sont destinés à devenir des officiers de la République. Il suffit d'ouvrir les annuaires, pour voir que les particules et les titres entrent pour un chiffre fort respectable, aussi bien dans l'état-major, que parmi les officiers subalternes : — noblesse d'épée. Nous notons ce fait en passant, non pas qu'il ait aujourd'hui une grande importance électorale, mais pour montrer qu'il n'y a pas à s'étonner si les chefs de tout rang, dans l'armée, sont animés de l'esprit réactionnaire que l'on sait. C'est une observation à mettre en réserve, pour le cas où le droit de vote serait rendu au soldat.

La noblesse a également accaparé la plus grande partie des postes diplomatiques, et figure pour une portion importante dans les rangs des magistrats de l'ordre judiciaire.

Après la noblesse d'épée, la noblesse de robe.

Le clergé a conservé également de son côté, une somme considérable d'influence sur les classes campagnardes. On se souvient de ces scrutins de Bretagne, où les électeurs marchaient en processions, bannières déployées, chantant des cantiques et conduits aux urnes par leurs curés.

En fait de manœuvres électorales, la bourgeoisie ne reste pas en dessous de la noblesse et du clergé, on sait la pression active exerçée par les chefs tout puissants des minières, des hauts-fourneaux, des grandes administrations, pour forcer leurs subordonnés à voter selon la consigne, sous peine de compromettre leur position par une mauvaise note, de se voir enlever tout espoir d'avancement, ou de se faire impitoyablement renvoyer. Le souvenir est resté présent, de tous ces scandales encore aggravés par l'appui de l'autorité, sous le gouvernement du 16 mai, alors que s'étalait dans toute son hypocrisie cette doctrine saugrenue d'une république sans républicains.

Depuis lors, l'armée des fonctionnaires a bien été en partie changée, mais les errements sont restés à peu près les mêmes; cette fois, il s'agit de défendre la République capitaliste, beaucoup moins contre les monarchistes de tout ordre, que contre les socialistes qui paraissent bien autrement dangereux.

Convenons qu'il faut que l'idée d'émancipation, de liberté et de justice, que recèle le socialisme, soit douée d'une bien vigoureuse vitalité, pour résister aux assauts d'ennemis aussi puissants ; et si l'on est quelquefois attristé par les défaillances de ceux qui ont le plus de raisons de voir ces idées se propager ; il n'en reste pas moins la conviction consolante que le succès final ne peut être douteux.

Les classes que nous venons d'analyser, sont et resteront encore longtemps acquises à la réaction. Peu à peu, et sous l'influence d'institutions nouvelles, peut-être le souvenir de leur passé hantera-t-il moins leur esprit, et peut-être perdront-elles l'espoir de le reconquérir ; mais pour l'instant, il n'y a aucun fond à faire sur une transaction quelconque ; la lutte est trop vivement engagée.

Dans la bataille électorale, plus que dans toute autre bataille, l'influence du nombre étant décisive, il faut donner le compte exact des deux armées en présence.

CHAPITRE VIII

STATISTIQUE ÉLECTORALE

SOMMAIRE. — Division de la population. — Tableau de la population urbaine et de ses électeurs. — Tableau de la population rurale. — Tableau des subdivisions par classes. — Petit nombre des réactionnaires. — Chaque principe a un noyau de fidèles. — Exemples tirés des élections de 1881. — Egalité des forces du Socialisme et du Capitalisme dans leurs éléments stables. — Résultat final, œuvre de l'élément instable. — Elections de 1885. — Victoire plus apparente que réelle de la réaction. — Hypothèses de nouvelles élections. — Succès supposé d'une réaction monarchique. — Qu'arriverait-il ? — Nouvel examen des chiffres. — Les abstentions. — Les voix indécises. — Composition de la Chambre des députés. — Concordance avec les subdivisions électorales. — Possibilité d'entraîner l'opportunisme. — Nécessité d'instruire le suffrage universel, — Proportionnalité des électeurs en faveur du Socialisme.

Nous suivrons naturellement dans le dénombrement de la population électorale, la même division que celle employée pour l'analyse de ses sentiments passionnels ; de sorte qu'à côté de chaque catégorie, il sera possible d'inscrire le nombre de voix dont elle dispose.

Cette méthode donne tout d'abord : le tableau suivant de la population urbaine et de la population rurale.

Population urbaine (famille comprise)	Nombre d'âmes	Electeurs
Ouvriers de petite et de grande industrie	6.492.041	1.803.347
Patrons de grande industrie	124.133	34.480
Patrons de petite industrie	1.146.869	318.576
Employés d'industrie	688.000	191.000
Professions libérales	1.815.460	504.294
Vivant de leurs revenus	2.103.128	584.202
Petit commerce	2.960.382	822.328
Gros commerce, finance, clergé, professions diverses	1.278.393	355.109
Sans professions, non-classés ou profession inconnues	980.937	272.482
Totaux	17.589.343	4.8[illegible]5.813

Population rurale (famille comprise)	Nombre d'âmes	Electeurs
Propriétaires cultivant par maîtres-valets	119.034	33.065
Propriétaires cultivant par régisseurs	25.639	7.121
Propriétaire cultivant eux-mêmes leurs terres	4.394.884	1.220.300
Propriétaires cultivant leurs terres avec celles d'autres	1.628.578	452.383
Métayers et colons, petits propriétaires	510.433	141.786
Journaliers petits propriétaires	2.949.674	819.354
Fermiers non propriétaires	970.197	269.499
Métayers — —	505.832	140.508
Journaliers — —	2.191.827	608.840
Personnel des fermes (domestiques)	5.258.894	1.460.804
Totaux	18.545.992	5.154.160

Les chiffres ci-dessus sont tirés : des statistiques officielles, de la statistique de France par Maurice Block, d'études publiées dans la *Revue Positive* par M. Toubeau, ainsi que dans son remarquable ouvrage de *L'impôt métrique* ; ils offrent donc toute garantie d'exactitude.

Il résulte de ces deux tableaux que la répartition de la population donne les résultats suivants :

Population urbaine : 17.589.313 habitants avec 4.885.818 électeurs.

Population rurale : 18.554.992 habitants avec 5.154.160 électeurs.

Sur ces premières bases, on peut établir les subdivisions des couches électorales, précédemment étudiées, ce qui conduit au tableau politique suivant :

		Electeurs
Prolétariat urbain		
Ouvriers de petite et de grande industrie......		1.803.347
Prolétariat rural		
Journaliers non propriétaires........	608.840	
Personnel des fermes, domestiques, etc..................................	1.4[illegible]0.804	2.069.644
Prolétariat bourgeois et petite-bourgeoisie (Fraction urbaine)		
Patrons de petite industrie............	318.576	
Employés d'industrie....................	191.000	
Petit commerce..........................	822.328	1.331.904
Prolétariat bourgeois et petite bourgeoisie (Fraction rurale)		
Métayers et colons petits propriétaires..................................	141.786	
Journaliers petits propriétaires......	319.354	
Fermiers non-propriétaire..........	269.499	
Métayers —	140.508	
Propriétaires cultivant et vivant de leurs terres.........................	1.2[illegible]0.800	
Propriétaires cultivant leurs terres et celles d'autrui..................	452.383	3.044.330

Bourgeoisie grosse et moyenne (Fraction urbaine)		
Patrons de grande industrie.........	34.480	
Professions libérales................	504.294	
Rentiers vivant de leurs revenus......	584 202	
Gros commerce, finance, clergé, etc..	355.109	1.478.085
Bourgeoisie grosse et moyenne (Fraction rurale)		
Propriétaires cultivant par maîtres-valets...........................	33.065	
Propriétaires cultivant par régisseurs.	7.121	40.185
Total des électeurs.........		9.767.495

A quoi il faut ajouter 272.483 électeurs provenant de la population désignée comme « non classée » et qu'il n'est naturellement pas possible d'attribuer, avec un semblant de certitude à l'un quelconque des groupes électoraux.

D'ailleurs, cette lacune n'a que peu d'importance; car ce qu'il est besoin d'établir, c'est non pas un dénombrement rigoureux, mais plutôt une proportionnalité approximative, sur laquelle ne peuvent influer sensiblement des écarts de quelques milliers de voix.

Tout d'abord insistons sur ce qui a été déjà tant de fois proclamé : la faiblesse numérique des classes privilégiées de la grosse et de la moyenne bourgeoisie, comparée à la masse des prolétariats et de la petite bourgeoisie.

Ce fait sociologique, si important, ne doit nous occuper ici qu'au point de vue exclusivement électoral. Lorsque deux principes se posent en face l'un de l'autre, avec des caractères aussi tranchés, que le socialisme, d'un côté, et le capitalisme bourgeois de l'autre, on peut dire que chacun de ses principes compte toujours un certain nombre de partisans, on pourrait dire de fanatiques, qui y sont constamment attirés, comme vers leur pôle naturel.

On peut dire d'abord, en tenant compte des affinités psychologiques, précédemment décrites, que la part du Socialisme se compose du prolétariat urbain tout entier soit 1.803.347 adhérents, et que la part du Capitalisme se compose de la bourgeoisie grosse et moyenne, fraction urbaine et fraction rurale, soit : un million 518.271 adhérents.

De tout ce qui précède, on devrait pouvoir inférer que chacune de ces deux grandes masses électorales, vote toujours avec un ensemble parfait dans le sens de son attraction. C'est surtout vrai pour les classes dirigeantes, qui savent parfaitement ce qu'elles veulent ; quant au prolétariat, il a parfois erré pour s'être laissé, en plusieurs occasions, duper par du pseudo-socialisme. Ces défaillances, qui, du reste, tendent à se reproduire de moins en moins, n'infirment pas l'argument tiré du principe des affinités ; car ce principe est en coïncidence parfaite avec les intérêts les plus vitaux de chacune des deux classes rivales.

Les élections de 1881 peuvent être, comme preuve historique, ajoutées à ces considérations toutes spéculatives dont elles sont la confirmation.

En 1881, la réaction n'était pas en faveur auprès des classes hésitantes de la petite bourgeoisie et du prolétariat bourgeois, qu'il s'agisse des campagnes ou des villes. Le mouvement contre la tentative réactionnaire du ministère de Broglie, avait atteint son apogée; c'était presque un mouvement national et on peut dire que ceux-là seuls qui votèrent alors pour la réaction, étaient bien des fidèles aux convictions inébranlables.

A ces élections, ces fidèles se chiffraient par le nombre de un million 773.935. Or, nous venons de voir que la grosse et la moyenne bourgeoisie réunies donnent un total de 1 million 518.271 électeurs, il est donc facile d'expliquer qu'elles aient pu, avec leur contigent de clients de subordonnés et de gens placés sous leur dépendance directe, arriver à ce chiffre de 1 million 773.935 voix.

Donc, en nombres ronds : partisans inébranlables de la réaction capitaliste bourgeoise 1 million 773.000 ; partisans inébranlables du mouvement socialiste 1 million 800.000. Deux forces sensiblement égales.

Rigoureusement, le socialisme l'emporte par le nombre, mais la différence n'est pas assez marquée pour en tirer une conclusion en sa faveur.

Ces forces qui, livrées à elles-memes, ne pourraient que s'annihiler réciproquement, n'acquièrent donc une influence prépondérante, que par les alliances qu'elles peuvent conclure. Ces alliances, elles les trouvent dans les 6 millions 500.000 électeurs qui constituent l'élément instable du suffrage universel, c'est-à-dire dans le prolétariat rural, le prolétariat bourgeois et la petite bourgeoisie.

Tout l'avenir réside donc uniquement dans la conquête de ces intermédiaires, qui n'ont pas encore trouvé leur véritable orientation et qui en sont encore à discuter sur la question de forme gouvernementale : république ou monarchie.

Les chiffres fournissent encore dans les élections de 1885, un curieux exemple confirmant victorieusement les impulsions passionnelles, auxquelles obéissent les couches électorales.

Tandis qu'en 1881, le principe bourgeois s'était trouvé réduit à ses propres forces, avec un million 700 mille voix, en 1885, les réactionnaires de toutes nuances obtenaient 3 millions 500 mille voix, c'est-à-dire plus du double. C'était là un accroissement considérable propre à donner fortement à réfléchir aux adversaires.

La campagne électorale avait été menée par la réaction avec un grand ensemble et une vigueur remarquable. Maîtres et valets avaient donné, et leur action fut assez puissante pour aboutir à cet énorme déplacemet de voix.

Beaucoup de bruit fut mené autour de ce succès, que n'auraient pas osé espérer ceux-là mêmes qui en profitaient; et dont ils furent les premiers surpris. Mais tout le monde savait et sait bien encore, que cette régression apparente n'était due, qu'aux fautes amoncelées par l'opportunisme.

Cette faction ambitieuse, en effet, incapable d'appliquer un principe, a seule été frappée par cette défection du suffrage universel, et le profit s'est porté d'une part au socialisme d'autre part au capitalisme.

Au fond, il doit être sans doute plutôt avantageux aux socialisme de voir l'opportunisme se désagréger, attendu que l'opportunisme est l'ennemi hypocrite de tout progrès qui pourrait lui faire craindre pour ses intérêts, et qu'en fin de comp e, c'est une immobilité républicaine substituée à l'immobilité monarchique.

Mais, il y a cependant une chose dont il faut tenir compte, nous l'avons dit déjà et nous y insistons, c'est qu'entre lui et le socialisme, il y a un point de contact qui est la république ; et il importe que la forme républicaine, indispensable au socialisme, ne perde rien de son prestige auprès des classes intermédiaires.

Qu'arriverait-il si le mouvement de 1885 s'accentuait ; si l'administration opportuniste qui nous régit toujours, quoi qu'on dise, devenait encore plus désordonnée, plus incohérente, plus avide que par le passé, ce qui est difficile ?

A moins de supposer au suffrage universel un aveuglement plus inconcevable, que tous ceux qui ont marqué son passé, pourquoi craindre que les voix qui abandonneraient l'opportunisme s'en aillent exclusivement à la coalition clérico-monarchico-capitaliste ?

Rien n'autorise semblable supposition. Tout laisse au contraire présumer que l'on verrait se reproduire le phénomène qui, en 1885, a divisé les dissidents en trois fractions, dont une est allée au socialisme, une autre à la réaction, la troisième se réfugiant dans l'abstention.

Dans quelle proportion s'opérerait ce partage ? Là reste la question. Tout dépendrait, croyons-nous, de l'effort de propagande. En tout cas, il en sortirait ce résultat qui n'est pas sans valeur : c'est que le terrain se trouverait déblayé de toute équivoque ; et que les deux principes se trouveraient face à face avec des bannières parfaitement connues. Qu'on aille si l'on veut, encore plus loin jusqu'à l'invraisemblable, jusqu'aux limites de l'absurbe, qu'on admette un moment que la réaction obtienne une majorité considérable.

Qui donc oserait prétendre que ce fait inouï constituerait une solution ?

Les questions économiques, les questions ouvrières ne seraient-elles pas toujours debout, aussi menaçantes, aussi urgentes ? La question sociale s'imposerait-elle avec moins de force qu'aujourd'hui ?

La coercition la plus implacable pourrait sans doute leur imposer quelques temps silence, les refouler sur quelque points ; mais elles reparaîtraient aussitôt sur d'autres, avec une surprenante élasticité, par la raison seule que ces questions sont dans l'air ; et qu'il ne leur a manqué, pour être résolues que d'avoir été suffisamment comprises.

Or, cela est inéluctable, l'idée suivra son cours malgré tout, quand bien même la réaction emprunterait pour se défendre un Czar à la Russie, ou un chancelier de fer à l'Allemagne. Bismark ne peut se débarrasser des socialistes; Alexandre III, comme son père, est obligé de compter avec les nihilistes; l'étouffement que ceux-là n'ont pu mener à bonne fin, qui donc oserait le tenter en France ?

Reprenons nos calculs et exigeons des chiffres tout ce qu'ils pourront donner.

Le groupe des fidèles de la réaction, qui en 1881 était de 1 million 700 mille, s'est donc plus que doublé et est monté en 1885 à 3 millions 500 mille suffrages réactionnaires, il reste encore 6 millions 500 mille votants qu'on n'est pas en droit sans doute, de considérer comme acquis au socialisme, mais qui ne le sont pas davantage au capitalisme, puisqu'ils ont résisté à la propagande de 1885.

Ces 6 millions 500 mille voix, sont des voix républicaines de toutes nuances, c'est-à-dire placées sur un plan de transition, qui incline naturellement vers le socialisme, et sur lequel le mouvement sera considérablement accéléré, quand le socialisme se sera condensé en une formule compréhensible pour tous.

Les réactionnaires ne manquent pas de mettre en avant, que les élections de 1885 ont donné un nombre considérable d'abstentions; et naturellement, ils ne manquent pas non plus de se les attribuer. Cependant, leur propagande a été assez énergique, pour secouer toutes les torpeurs de leurs amis. Le vrai, c'est que ces abstentions viennent en grande partie de la petite bourgeoisie et du prolétariat-bourgeois, pour qui la marche donnée à la République a causé une amère désillusion.

En admettant, ce qui est évidemment exagéré, qu'un cinquième de ces 3 millions d'abstentions puisse être accordé aux conservateurs, il reste encore 6 millions de voix disponibles, qui forment actuellement le contingent républicain.

Ces électeurs, qui se trouvent tiraillés à droite et à gauche, n'ont évidemment aucune attraction sympathique pour la droite capitaliste; par contre, ils ne comprennent pas bien la gauche socialiste. Ils demeurent donc immobiles aujourd'hui dans la république opportuniste, pour avancer peut-être demain dans la république radicale, ou rebrousser chemin dans la république conservatrice, les circonstances en décideront.

Si du corps électoral, on passe à l'examen de la composition de la chambre, on constate que les proportions déjà établies chez celui-là, se retrouvent assez bien représentées par 374 députés socialistes et républicains contre 201 réactionnaires.

Ces 201 sièges de la réaction se décomposent :

En 68 Bonapartistes.

En 75 Monarchistes.

En 58 Conservateurs, selon le nom que se donnent les monarchistes honteux ou prudents.

Cette division en trois tronçons, permet déjà d'affirmer que rien de sérieusement dangereux, ne peut être tenté contre la forme républicaine. En effet, si les réactionnaires peuvent facilement s'entendre pour battre en brèche la République, il n'en serait plus tout à fait de même, s'il s'agissait de s'en partager les dépouilles. On retrouverait l'impuissance qui a fait échouer les mauvais desseins de l'assemblée si rétrograde de 1872.

Sur les 201 sièges réactionnaires, 80 peuvent être considérés comme foncièrement acquis à la réaction, au moins pour un temps encore assez long; les 120 autres n'ont été occupés par elle, que par suite d'une espèce de mauvaise humeur du suffrage universel, causée par les fautes opportunistes. Cette constatation ne manque pas d'une cartaine valeur, et elle ne laisse pas que de jeter sur la position de ces élus quelque chose de précaire et d'aléatoire.

Le Socialisme est représenté par 110 députés compris sous les noms de radicaux, radicaux-socialistes, députés ouvriers ; ce sont les inamovibles du socialisme.

L'élément instable est donc représenté par 264 députés républicains, de nuances plus ou tranchées.

A les juger à l'œuvre depuis plus d'une an-

6

née, on est en droit de supposer qu'une grande partie de ces députés appartient à cette catégorie de politiciens, qui ne voient guère dans la République qu'un moyen commode de faire leurs propres affaires, et pour qui le bien du peuple n'est qu'un mince souci, quand il ne concorde pas avec leur intérêt particulier.

Combien depuis quinze ans, en avons-nous vu naître et s'éteindre de ces misérables ambitions!

Résumons brièvement.

Nous trouvons comme composition chiffrée de la France électorale:

Classes réactionnaires capitalistes, 17,5 pour cent.

Classes prolétariennes socialistes, 18 pour cent.

Classes mixtes, 64,5 pour cent.

Ces 64,5 pour cent comprennent les voix de toutes les nuances de l'opinion républicaine, commençant au centre gauche pour aboutir à l'extrême-gauche exclusivement, cette dernière représentant spécialement le socialisme.

Ainsi, dans cette population politique qui a droit, par son vote, de manifester individuellement sa volonté, et qui peut, par ce simple fait, déterminer la direction gouvernementale; dans cette population politique, 64,5 pour cent, c'est-à-dire près des deux tiers, c'est-à-dire une majorité formidable, compose cette classe mixte qui n'appartient à aucun des deux seuls partis primordiaux, dont les principes soient dégagés de toute ambiguité.

Ce n'est pas à dire qu'il faille se laisser aller à désespérer. Depuis un siècle, cette masse électorale marche lentement, mais constamment vers l'idée démocratique. La question politique est donc en bonne voie.

Reste seulement à se mettre d'accord sur la question économique.

Le capitalisme, par son refus obstiné de transaction, faisait cependant la partie belle au socialisme. Celui-ci n'a pas su jusqu'ici en profiter.

A chacun sa part de responsabilité. Si la solution n'est pas aujourd'hui un fait accompli, c'est que le socialisme n'a pas trouvé une formule précise capable d'être, à première vue, saisie et comprise par les classes intermédiaires.

CHAPITRE IX

FONCTIONNEMENT DU SUFFRAGE UNIVERSEL

SOMMAIRE. — Fonctionnement vicieux du suffrage universel. — Défaut de liberté pour les électeurs et les candidats. — Soumission aux comités et à la presse. — Compromission pour la formation des listes. — Elections en province. — Courtiers électoraux. — Promesses des professions de foi. — Probité politique, apanage des partis extrêmes. — Improbité des républicains-bourgeois. — Mauvaise représentation, cause des révolutions — Gouvernement de surprise depuis 1789. — Restauration monarchique improbable. — Jamais assemblée n'a été la représentation réelle du pays. — Accroissement du socialisme. — Positions diverses pour modifier la loi électorale. — Tâche du Socialisme.

Etant donnée la composition du suffrage universel, telle que nous l'avons dépeinte, il n'est pas étonnant que son fonctionnement soit irrégulier et aboutisse souvent à des résultats d'une évidente défectuosité.

Si chaque électeur pouvait librement choisir son mandataire, si chaque candidat pouvait librement produire sa candidature, les choses iraient à peu près régulièrement, et le résultat moyen, sans être parfait vu l'état intellectuel de la masse, ne serait cependant pas soumis à des incohérences trop souvent manifestées ; mais il est loin d'en être ainsi.

En supposant l'électeur pourvu d'un degré d'instruction politique suffisant pour apprécier la valeur des hommes qui se présentent devant lui, il lui est impossible, pour émettre un vote qui puisse compter, de choisir ailleurs que dans les deux ou trois listes formées et patronnées par les comités électoraux ou par une fédération de journalistes.

D'un autre côté, un candidat, quelle que soit sa valeur, ne peut avoir la moindre chance d'être élu, s'il n'est pas présenté par les mêmes comités et les mêmes journalistes.

Ce sont donc ces comités, qui se chargent de choisir pour le corps électoral tout entier et qui lui imposent leur choix.

Il faut ou les suivre, ou voter en dehors, ce qui équivaut à ne pas voter du tout. Ces comités pourraient certainement avoir du bon, s'ils étaient régulièrement et normalement constitués; mais qui donc oserait soutenir qu'il en a toujours été et qu'il en est encore ainsi?

Dan chaque parti, et ceci peut s'appliquer aussi bien à la droite qu'à la gauche, il existe un certain nombre d'hommes plus remuants, ou si l'on veut plus zélés que les autres, qui se mettent en avant. Quelques-uns d'entre eux sont certainement quelquefois à l'abri de toute suspicion, mais la plupart sont poussés soit par l'intérêt personnel, soit par le désir plus honorable, mais encore étranger à l'intérêt général, de faire réussir une candidature amie.

Il suffit d'examiner les faits et gestes de tous

nos députés et de tous nos sénateurs, pour constater, qu'à l'exception de quelques personnalités vraiment remarquables, la plupart n'ont guère été que des nullités, des médiocrités à renommée surfaite, qui ont fait plus de fausses promesses qu'ils n'ont rendu de service à leur cause. Le recrutement en est donc mauvais; car il n'est pas permis de supposer que ce soit là, l'élite d'une nation intelligente entre toutes.

La formation des comités d'initiative a été souvent, en outre, l'occasion de compromissions singulières; on se passait en petit conciliabule tel ou tel candidat, comme les médecins de Molière se passaient la rhubarbe et le séné; quant aux principes, ils se logeaient où ils pouvaient et on accouplait ensemble des hommes aux opinions les plus incompatibles.

Aux élections de 1885 à Paris même, n'avons-nous pas vu des listes bigarrées, où des opportunistes coudoyaient non-seulement des républicains radicaux; mais encore des socialistes et des candidats ouvriers!

On appelait cela faire de la conciliation ou de la concentration. Il a été souvent répondu, que l'électeur conserve toute liberté de rayer les noms qui ne lui conviennent pas, et de les remplacer par d'autres. Ce serait parfait si l'électeur connaissait chaque candidat, et surtout, si lui-même avait des idées politiques bien définies, au lieu de ces tendances vagues qui forment le fond des classes mixtes; tendances qui ne peuvent s'affirmer que difficilement, par suite des agissements équivoques de ceux qui ont la prétention de servir de guides au suffrage universel.

En province, par exemple, que faut-il pour faire passer une liste ? Des amis actifs et de l'argent. Beaucoup d'argent, selon les lieux et les circonstances, s'il s'agit de candidats d'opposition ; moins d'argent, si l'on marche à la suite du gouvernement qui prête ses fonctionnaires.

En parlant d'argent, ce n'est pas qu'on doive supposer, que l'électeur du suffrage universel ressemble à l'électeur vénal des bourgs pourris du suffrage censitaire. Ce n'est pas ainsi qu'il faut l'entendre.

En thèse générale, ce n'est pas l'électeur qu'il est besoin d'acheter ; il y en a trop. Ce sont les agents électoraux qu'il faut payer. Ces agents sont nombreux et se composent de journaux à subventionner, de commis-voyageurs en élections à mettre en campagne, de péroreurs de cabarets à arroser, de gens de toutes sortes dont il faut stimuler le zèle. Tout cela coûte cher, mais tout cela rend le succès à peu près certain.

On affecte de considérer comme très importantes, ces réunions électorales, où les candidats comparaissent devant les électeurs, pour exposer leur profession de foi et répondre aux interrogations qu'on voudrait leur adresser. En réalité, ces réunions électorales forment simplement le complément des comités d'initiatives et sont là, pour leur donner un semblant de sanction. On y arrête définitivement les listes déjà préparées, et l'électeur est censé donner ses dernières intructions à son mandataire. Ce serait encore parfait si les choses se passaient selon la formule, mais si on veut juger la valeur réelle de ces diverses comédies, il suffit de comparer les promesses qu'ont faites les candidats, aux promesses qu'ils ont véritablement tenues.

Voici la séparation des Eglises et de l'Etat, la proportionnalité de l'impôt et la suppression du Sénat; ces trois questions se trouvent comme clichés de fondation dans toutes les professions de foi de la gauche, comme la protection de l'agriculture et la défense de la religion, de la famille et de la propriété se retrouvent dans celles de la droite. Or, pour nous occuper seulement de la majorité, nous voyons les trois quarts des députés républicains, voter avec un touchant ensemble le budget des cultes, approuver tous les gaspillages profitables à leurs amis, et maintenir, quand même, la monstrueuse iniquité de l'impôt indirect.

A côté de ce désarroi moral, vient encore se superposer le désarroi occasionné par la pression administrative.

L'Empire, qui avait toutes les impudences, avait inventé les candidatures officielles. L'abus fut si énorme, le scandale si grand que le mot n'ose plus s'avouer. Mais ce que le gouvernement impérial faisait ouvertement, nos pseudo-républicains le font en dessous, hypocritement. Ça se voit tout de même, mais ils le nient; péché caché est à demi pardonné!

Dans le langage gouvernemental, l'expression *faire les élections* a conservé toute sa valeur. Les préfets à poigne sont encore les préférés, à la condition de mettre des gants et d'éviter l'esclandre.

On renverse au besoin tout un ministère, pour créer un ministère spécial d'élections. En 1885, n'a t-on pas reproché au ministre de l'intérieur sa neutralité relative, et n'a-t-on pas attribué à sa faiblesse le succès de la réaction?

On conçoit, du reste, quel appoint formidable peut apporter cette armée de fonctionnaires, par son propre nombre d'abord, et ensuite par son action sur l'électeur, qui est toujours placé plus ou moins sous sa coupe.

On pourra objecter que le gouvernement du 16 mai n'a pas réussi ses élections, malgré la vigoureuse pression de ses agents, dont le choix avait été fait avec le plus grand soin. L'insuccès a été complet, c'est vrai; mais il faut tenir compte de l'état des esprits à cette époque, cet échec administratif ne doit réellement être considéré, que comme un cas pour ainsi dire exceptionnel.

Quoi qu'il en soit, ce ne saurait être une raison pour hésiter à flétrir, tout ce qu'il y a d'immoralité dans cette pression gouvernementale, qu'elle vienne d'un parti ou d'un autre.

Il est une chose intéressante à remarquer,

c'est que la probité politique est l'apanage exclusif des hommes, des partis extrêmes, droite ou gauche. Avec eux, on peut être certain qu'on n'aura que bien rarement à redouter une capitulation de conscience. Il est aussi impossible de concevoir un Louis Blanc ou un Madier de Montjau votant sciemment une mesure antidémocratique, qu'un de Mun ou un La Rochefoucauld travaillant contre l'idée monarchique ou cléricale.

Les autres, sous prétexte de politique profonde, nous font assister à un spectacle de honteuse démoralisation.

Socialistes et royalistes avoués peuvent regarder leurs électeurs en face, et mettre à découvert consciences et actions ! Quelle différence avec les opportunistes! Ces gens ont abusé de la crédulité populaire pour capter des suffrages, et ils en profitent pour faire leurs affaires. La plupart n'ont pas les mains nettes. Quand ils renient ouvertement et sans pudeur les principes qu'ils avaient hautement affichés, ils invoquent pour excuse des raisons de stratégie parlementaire.

Leurs déclarations ont toujours quelque chose d'amphibologique, qui leur permet d'en tirer à volonté le pour et le contre, ou qui sert à masquer ce qu'il serait par trop honteux d'avouer.

Ils savent toujours trouver une étiquette présentable : on va en Tunisie, non pas pour permettre des trafics clandestins, mais pour châtier des Kroumirs ; on va au Tonkin, non pas dans un but intéressé, mais pour venger le commandant Rivière ; puis, comme on y est et qu'on ne peut plus s'en aller, on est censé y préparer les débouchés coloniaux dont la France a besoin. La tactique est exactement la même à l'intérieur. Si on propose des surtaxes de douane sur le blé et la viande, ce n'est pas assurément pour le profit des gros propriétaires ; on les calomnie en leur supposant de semblables intentions ; s'ils veulent que le pain soit cher, c'est uniquement pour protéger l'agriculture, etc., etc..., on n'en finirait pas.

Les classes capitalistes, qui toutes, sont plus ou moins intéressées dans ces manœuvres financières ou ambitieuses, et qui en profitent largement, savent très bien à quoi s'en tenir, et font tout au monde pour conserver leurs sièges à des députés si dévoués à leur caste.

Le peuple ouvrier s'y trompe rarement, surtout le prolétaire urbain. Il ne les reconnaît pas pour ses hommes, ces politiciens qui louvoient sans cesse et ne disent jamais ouvertement ce qu'ils pensent. Mais le prolétariat-bourgeois et la petite bourgeoisie s'y laissent presque toujours prendre, et il faut subir toute la durée d'une législature, avant de pouvoir se débarrasser des intrigants.

En réalité, ce serait une bien grande erreur, de croire que les corps élus représentent véritablement la nation ; l'opinion publique est trop souvent leurrée, sur la valeur morale des hommes qui sollicitent ses suffrages.

L'élu, qui prétend représenter ses électeurs, ne représente guère que lui-même et le groupe des amis, qui ont fait réussir son élection. Quand il représente réellement la majorité qui l'a élu, c'est par pur hasard, ou parce qu'il appartient aux partis nettement tranchés d'extrême droite ou d'extrême gauche, sur la doctrine desquels il ne peut y avoir d'erreur possible. Tout le reste est incertain, douteux ; et certes, il serait habile celui qui, analysant un vote de la Chambre ou du Sénat, pourrait dire : Ce vote n'est pas l'expression personnelle et intéressée de tant de sénateurs, de tant de députés; mais l'expression de la volonté du pays.

On peut affirmer, sans paradoxe, que jamais, depuis que le parlementarisme a été introduit en France, jamais une assemblée ne s'est trouvée être la représentation réelle et proportionnelle des sentiments généraux du pays. Si on ne peut faire d'exception pour les assemblées élues par le suffrage universel, à plus forte raison est-il impossible d'en faire, pour celles qui émanaient du suffrage censitaire, ou qui émanent d'un suffrage restreint, comme celui qui fonctionne aujourd'hui pour l'élection du Sénat.

En fait, d'après la situation psychologique des différentes classes mixtes que nous avons étudiées, lesquelles forment la grande majorité du pays, une représentation exacte ne saurait être que fortuite, due aux chances d'un hasard heureux, mais non à des convictions réfléchies.

Quelques esprits judicieux frappés des inconséquence inhérentes au fonctionnement de notre suffrage universel, ont proposé de le modifier, autrement que par le remède enfantin, qui consiste à changer alternativement le scrutin de liste en scrutin d'arrondissement et réciproquement. Nos législateurs n'ont jusqu'ici trouvé dans la fécondité de leur imagination que ce mouvement de balançoire; mais d'autres se sont montrés plus fertiles en idées.

Le plus célèbre projet est celui de l'unité de collège proposé par Emile de Girardin, projet qui a été après lui, repris, modifié et rendu plus pratique par M. Godin, l'éminent socialiste fondateur, du familistère de Guise.

Aborder ici l'analyse de ces projets, ainsi que des propositions diverses qui ont été émises sur le même sujet, serait sortir des limites que nous impose le titre de cette étude.

Nous sentons très bien l'importance, qu'il y aurait à rendre le plus parfait possible le mouvement du suffrage universel, et nous soutiendrons de toutes nos forces toutes les tentatives qui seront faites dans ce but, mais il est pour l'instant, surtout urgent, de fournir aux classes peu éclairées les lumières qui leur font défaut; elles auront vite fait alors, de savoir se servir de l'instrument politique qu'elles ont en main. Un outil perfectionné a sans aucun doute une immense valeur, mais l'habileté de l'ouvrier vaut mieux encore et l'intelligence peut presque toujours, suppléer à l'insuffisance de l'outillage.

Tel qu'il est, le suffrage universel pourrait assurer l'avenir. Ce qui se passe à chaque élection en fournit la preuve. Monarchistes ou pseudo-républicains, dans leur lutte, sont tour à tour le jouet de l'inconstance électorale ; les battus d'aujourd'hui étaient les vainqueurs d'hier, et seront peut-être encore victorieux demain ; on connaît les causes de ces oscillations. Eh bien, en lisant leurs journaux, au lendemain d'une élection, on constate que si les vainqueurs exultent, les vaincus trouvent de leur côté des raisons péremptoires qui changent leur défaite en succès — on se console comme on peut — les deux camps sont, en revanche, unanimes à déplorer la marche constante du Socialisme !

Sur ce chapitre, les plaintes et les doléances ne tarissent pas plus d'un côté que de l'autre.

Le socialisme est donc en progrès, puisque cette marche ascendante est avouée par les mêmes hommes, qui dissimulent avec tant de soin, le moindre de leurs échecs.

Que cette extension du socialisme soit un signe certain, qu'il est plus exactement compris du peuple rural et de la petite bourgeoisie, ce serait témérité que de le prétendre.

Le socialisme gagne du terrain simplement parce que les esprits se détachent de la réaction; mais si ces esprits, au lieu d'être guidés par l'instinct, l'étaient par la science et la raison, combien plus rapide serait ce mouvement ascensionnel, dont s'effraie tant le capitalisme!

La haute bourgeoisie financière, qui a pu, malgré tout, conserver jusqu'ici le pouvoir, n'a aucune espèce d'intérêt à faire la lumière. Plus il y aura d'incertitude et d'équivoque et plus elle aura l'espoir de maintenir ses positions.

C'est donc au seul socialisme qui a pris situation d'adversaire déclaré, qui a su toucher du doigt les iniquité du capitalisme et qui en a fait une critique d'une lamentable réalité; c'est au socialisme, que revient forcément le devoir de faire germer partout la semence de vérité.

La critique a beau être juste dans sa virulence, elle n'a d'effet utile que si elle est accompagnée de la pensée qui rectifie. Montrer le mal et en préciser la cause, laisse la besogne à moitié faite, si le remède n'est pas en même temps indiqué.

Nos révolutions successives, depuis le commencement du siècle, n'ont été que le résultat d'un parlementarisme sans base et de cette absence de toute volonté politique bien déterminée chez les classes mixtes. Légalement ou par force, elles se laissaient saisir; puis aussitôt un travail de réaction commençait, qui aboutissait fatalement à un renversement.

Grâce à d'habiles diversions, quelques-uns de ces gouvernements de surprise parvenaient à détourner les esprits et duraient ainsi un peu plus longtemps. Cependant, l'extrême limite de la patience populaire n'a jamais dépassé dix-huit ans. Est-ce un nombre fatidique? En ce cas, le bourgeoisisme serait bien près de sa fin.

Quelques-uns des prétendants monarchistes se contenteraient peut-être d'un bail de cette période, quitte à laisser après, la place à un autre. Un trône, même chancelant a tant d'attraits! Si, cependant, ils se laissent aller à un espoir, même ainsi réduit, il semble bien qu'ils nourrissent une chimère. Malgré l'ignorance politique trop réelle de la majorité, il y a des idées qui ont fait leur chemin et qui ont laissé dans les cervaux des demi-bourgeois des traces qu'il serait difficile d'effacer.

La République est passée en habitude, et il faudrait probablement parlementer assez longtemps avant qu'un nouveau La Fayette pût présenter un d'Orléans comme « *la meilleure des Républiques.* » Vraisemblablement il y aurait comme on dit, du tirage, même avec un d'Orléans offrant, pour contenter tout le monde, une royauté mi-partie de droit divin et mi-partie de droit populaire, abritée sous un drapeau blanc d'un côté et tricolore de l'autre. Que dire de l'Empire? Connaît-on au monde, un Bonaparte assez éloquent, pour enjoler les fils de ces paysans crédules, à qui les agents du prince président Louis-Napoléon, promettaient le remboursement de l'impôt des quarante-cinq centimes? A qui donc ferait-on croire aujourd'hui que « *l'empire c'est la paix.* »?

L'improbable est possible, soit, mais malgré la force, malgré l'habileté, malgré même l'honnêteté relative dont un gouvernement personnel pourrait faire preuve, il lui serait impossible d'imposer silence aux questions économiques qui grandissent de toutes parts. La République bourgeoise inaugurée par Thiers, la République sans républicains, pas plus que la République opportuniste, qui n'en est qu'une variété, n'ont pu y réussir. Quant à les résoudre, c'est une lourde tâche que le socialisme seul est capable d'entreprendre.

CHAPITRE X

DE LA PROPAGANDE. — LA PAROLE ET L'ÉCRIT

SOMMAIRE. — De la propagande. — La tribune parlementaire. — Ce qu'elle est — Comment elle est comprise. — Sa valeur de propagande. — De la conférence. — Sa puissance de vulgarisation. — Ses conditions d'existence. — Conférences catholiques. — Leur nombre et leur force. — De la propagande individuelle. — Influences réactionnaires et administratives. — Le journal. — Ce qu'il est aujourd'hui. — Absence fréquente de bonne foi. — Direction des hommes politiques. — Les trois catégories de la presse — De la presse conservatrice et monarchique — De la presse républicaine. — Son manque d'unité. — L'opportunisme. — Sa puissance et sa décadence. — Son danger. — De la presse officieuse. — De la presse locale. — De la presse socialiste. — Les journaux révolutionnaires. — Situation du socialisme au point de vue de la propagande. — Difficultés matérielles. — Ce qu'il faut apprendre aux classes intermédiaires. — Propagande à organiser.

On agit sur les masses par la persuasion ou par la force. Propagande légale, ou propagande violente.

La propagande légale emploie la parole et l'écrit, la propagande violente exploite la peur des mauvais traitements, des supplices; elle terrorise.

La puissance de la parole et de l'écrit est immense ; de tout temps, elle a remué le monde.

Dans notre organisation politique contemporaine, elle a d'abord comme moyen : la tribune parlementaire, qui n'est autre chose aujourd'hui, qu'un théâtre, destiné à donner du retentissement à des déclarations de principes et à des interprétations gouvernementales qui sont censées instruire le pays, sur les côtés délicats de ses plus graves intérêts. On y voit aussi confectionner, lentement comme il convient, avec plus ou moins de logique et de justice, les lois destinés à nous régir. C'est en outre, la roche Tarpéienne d'où les ministères font obligatoirement leur culbute finale.

La tribune parlementaire est ouverte à tous les partis, ce qui cependant ne veut pas dire qu'elle soit absolument libre.

C'est là, le champ de bataille des ambitions, c'est là aussi que se produisent avec éclat, ces formules brèves qui condensent une situation, et dont quelques-unes, se répandant ensuité au dehors, ont acquis, par leur à-propos, la force d'une révolution.

La tribune parlementaire alimente la faconde des politiciens de toutes sortes, en leur fournissant la pâture à discussions ; mais ces discussions n'influent que fort peu sur l'esprit des populations rurales, trop droites pour comprendre les sous-entendus, qui forment souvent la partie la plus importante des débats politiques.

C'est surtout lorsqu'il s'agit de déclarations gouvernementales, que l'esprit populaire est le plus fréquemment désorienté, en raison du manque de clarté, des explications amphigouriques voire même des mensonges que certains ministres ne se font pas faute de prodiguer, pour pallier leurs tristes exploits.

En somme, si la valeur intrinsèque de l'institution est indéniable, ses résultats immédiats laissent à désirer.

Sans doute, la tribune parlementaire a quelquefois servi au socialisme, pour porter à son adversaire des coups retentissants, ou pour jeter un cri d'alarme justifié ; mais à tout prendre, elle reste un médiocre instrument de propagande et si un parti peut en tirer quelques profits, c'est surtout le capitalisme, qui peut ainsi donner une certaine notoriété officielle à ses équivoques.

Quant aux manifestes et discours-ministres, ils ne prennent réellement leur importance pratique, que des commentaires qu'ils inspirent à la presse.

Le seul mode sérieux de la propagande parlée, c'est la conférence publique et la conversation individuelle.

La conférence est une école ; elle se confine dans un sujet, qu'elle étudie et retourne sous toutes ses faces ; elle spécialise les questions et les détaille, ce qui permet d'en retrancher les questions inutiles, arides ou trop techniques et de se faire comprendre d'un auditoire peu instruit. C'est la vulgarisation pratique de la science politique.

A ce point de vue, la conférence offre de pré

cieuses ressources, quoiqu'elle soit restreinte à un seul orateur, et qu'elle manque de cette discussion contradictoire, qui met immédiatement l'auditeur au courant des arguments opposés, et lui permet d'en faire un libre choix.

La conférence sert naturellement à tous les partis, cependant il est à remarquer, que les conférences socialistes de toutes les écoles, paraissent les plus nombreuses et les plus suivies.

Le capitalisme proprement dit se cantonne dans ses positions acquises, et ne cherche que peu les occasions de se produire en public.

Il est forcément circonscrit dans un petit nombre de sujets, il évite les discussions de principes, et se borne, le plus souvent, à faire sa propre apologie.

Il n'en est pas de même des partis d'opposition, qui n'ont rien à se faire pardonner ; et qui, par cela seul, se trouvent placés sur un champ de combat extrêmement favorable.

Après les socialistes, ce sont les catholiques, qui fournissent le plus grand nombre de conférenciers.

Le seul reproche à faire à la conférence, c'est qu'elle ne soit pas possible partout. Elle ne peut se produire, que là seulement où elle est sûre de trouver un auditoire. Il lui faut par conséquent, une certaine agglomération de population, et c'est dans les villes seulement qu'elle arrive à se développer avec quelques succès.

Cette condition fâcheuse laisse le village et

le hameau en dehors de cette source d'instruction ; et c'est précisément le campagnard isolé qui en aurait le plus besoin.

Sur ce point, le catholicisme possède par l'Eglise et la chaire, une supériorité d'organisation dont l'importance n'échappe à personne. On peut dire que tous les dimanches, sans compter les fêtes carillonnées, une conférence est faite dans chacune des trente-six mille communes de France. Dans cette conférence, malgré son caractère qui est considéré comme exclusivement religieux, et quoique la politique soit formellement interdite, les orateurs ne se gênent guère pour battre en brèche le socialisme et la République, quand ils ne vont pas jusqu'à faire des vœux pour le retour de la royauté.

L'impossibilité matérielle pour le socialisme, d'opposer face à face une tribune à la chaire catholique, est un des plus grands obstacles qu'il lui faille s'efforcer de vaincre pour gagner l'esprit des campagnes.

Le socialisme a, en outre, un ennemi puissant, dans le combat incessant que lui livre la propagande parlée individuelle. On en est même à se demander, comment il peut résister à l'assaut toujours renaissant, que lui livrent des ennemis aussi nombreux et aussi puissants.

Faisons-en le décompte.

En temps d'élection, on voit se former en phalanges compactes, non seulement les classes réactionnaires : noblesse, clergé, bourgeoisie ;

mais encore, l'armée entière des fonctionnaires de toutes catégories, qui a constamment eu pour mot d'ordre, jusqu'à ce jour, de combattre avec acharnement toute candidature entachée de socialisme.

On comprend aisément quelle influence doit exercer sur des esprits simples, une propagande individuelle, toute de conversation, qui met exclusivement en jeu l'intérêt, qui part du patron ou du propriétaire, est commentée par le curé et appuyée des arguments comminatoires du garde-champêtre, du commissaire, du maire, etc., etc.

Si le Socialisme n'est pas mort sous ces coups répétés, et si au contraire, il se relève à chaque nouvelle occasion, plus ardent, plus tenace et plus vigoureux, à quoi donc attribuer cette vitalité prodigieuse, sinon à cette raison qui résume toutes les raisons ; c'est que lui seul est le dépositaire du progrès à venir et qu'il n'y a pas d'arme qui puisse tuer l'avenir.

Il était cependant nécessaire de signaler l'infériorité réelle des moyens dont dispose le Socialisme, dans la propagande parlée, d'autant plus que cette mêmé infériorité matérielle se retrouve dans la propagande écrite.

Commençons par le journal.

A notre époque, le journal est malheureusement trop souvent une affaire. Une partie de la presse subordonne son concours aux résultats lucratifs qu'elle en retire et change sa mission civilisatrice en spéculation commerciale.

Non pas seulement pour l'homme du peuple; mais même pour celui doué d'une assez bonne instruction, il y a une difficulté extrême à saisir dans un journal le coté intéressé et mercantile. Ne discerne pas qui veut, la réclame faite au profit des amis ou des payeurs ; car elle se glisse sous des phrases savamment étudiées, ou bien se dissimule sous le couvert de nouvelles fausses, ou présentées sous un jour équivoque. Il faut être du métier et familier des coulisses pour connaître le dessous des cartes. Le gros public n'y voit que du feu.

Si l'on tient compte du peu d'instants laissés au travailleur pour s'instruire, on ne doit donc pas s'étonner des erreurs d'appréciation qui résultent de ses lectures, et du choix si souvent mauvais, de ceux à qui il accorde sa confiance.

Au milieu des sophismes imprimés qu'on lui sert tous les jours, comment voudrait-on que le rural, par exemple, put se retrouver ; quand des gens instruits, tout à fait au courant des choses, ont souvent de la peine à s'y reconnaître eux-mêmes?

Ce manque d'intégrité n'est pas imputable seulement à la presse d'un seul parti, il est commun à tous. Il n'y a pas, nous ne dirons point de nuance politique, mais de personnalité un peu marquante, qui n'ait sous sa direction une feuille périodique ou quotidienne, destinée plutôt à soutenir l'homme qu'à soutenir les principes. C'est un échange d'aide réciproque où se mêlent la spéculation et l'ambition. L'homme politique prête la notoriété de son nom qui attire la clientèle, le journal fournit sa publicité, ses réclames louangeuses; et souvent derrière tout cela, il y a encore place pour les affaires d'argent qui profitent à l'un et à l'autre,

Incontestablement, il existe des organes de publicité dont les écrivains sont profondément attachés à leurs convictions et incapables de vénalité ; mais sont-ce bien toujours ceux-là qui possèdent le plus d'influence et le plus de lecteurs?

En somme, trop de journaux soldés, trop de spéculation et pas assez de doctrine, voilà ce qu'on peut reprocher à la généralité de la presse.

Le vrai journal de propagande et d'instruction populaire manque encore.

On comprend que nous n'avons pas ici, à prendre à partie toutes les feuilles qui se publient, pour rechercher les motifs avouables ou inavouables qui en guident la directeur : il nous suffira de préciser l'action effective de la presse sur le corps électoral.

Fidèle à notre système de division analytique, nous partageons la presse en trois sections : la presse réactionnaire monarchique ; la presse républicaine de toute nuance et la presse purement socialiste, que nous tenons essentiellement à ne pas comprendre dans la presse républicaine.

La portion timorée de la réaction, qui cache ses aspirations royalistes sous le nom de « con-

servatisme » possède naturellement une presse qui reflète son terne principe. A première vue, on pourrait croire que cette presse ne doive avoirqu'une action insignifiante. Mais, c'est justement parce qu'elle n'a pas de drapeau déployé, qu'elle est extrêment dangereuse pour la République et le socialisme, en raison de la perfidie de ses insinuations et de la déloyauté de ses attaques.

Bien moins dangereux sont les journaux purement monarchiques, il n'y a aucune ambiguité dans leur polémique. C'est tel roi ou tel empereur qu'on propose d'élever sur le pavoi, avec l'assentiment du peuple, bien entendu, que cet assentiment soit d'ailleurs spontanément obtenu ou subrepticement escamoté.

Ici, la question est clairement posée. Sur ce point, leurs lecteurs ne peuvent faire confusion et savent parfaitement à quoi s'en tenir. Quant aux questions d'économie sociale, c'est une autre affaire et l'étiquette dynastique ou cléricale, sous laquelle on les présente, n'est pas faite pour en rendre la compréhension plus facile au peuple. Il est douteux que la population rurale et même le prolétaire urbain, saisissent bien exactement les avantages d'un retour aux corporations du moyen-âge, tel que le proposait le socialisme catholique, dont M. de Mun s'est fait un moment l'éloquent champion.

Ce qui paraît le plus certain, c'est que la nécessité d'une transformation économique est si urgente que les partis monarchiques, et en particulie le parti clérical, qui de tous est le plus adroit, sentent qu'ils seraient perdus sans retour, s'ils émettaient leurs prétentions dynastiques, sans promettre au peuple un soulagement à ses misères. De ces promesses à la réalisation, il y a loin sans doute, mais enfin, cette évolution est bonne à noter.

Après le désarroi moral occasionné par la guerre et la commune, la presse réactionnaire a poussé l'Assemblée nationale de Versailles à ce colossal renversement du bon sens français, qui avait nom : *La République conservatrice*, c'est-à-dire une république sans républicains, ornementée de toutes les lois monarchiques : quelque chose comme la royauté sans le roi, la démocratie sans le peuple.

Et il a fallu plus de six ans, pour revenir de cette surprise et déssiller les yeux de la petite bourgeoisie, qui du reste n'a guère été plus perspicace en tombant dans l'opportunisme.

Malgré les compétitions qui résultent de la pluralité des prétendants, il faut convenir que la presse réactionnaire est à peu près uniforme dans son action, et qu'elle se maintient assez exactement dans sa ligne de bataille contre la république.

D'autre part, dès qu'il s'agit de défendre la république, on voit la presse républicaine marcher avec une irréprochable unité. Mais par République, il faut simplement entendre le mot, l'étiquette ; et l'unanimité s'émiette quand il s'agit de la chose. Sur ce terrain on ne peut plus s'entendre.

Et pourtant, vouloir la République est-ce que, pour tout esprit clair, ce n'est pas reconnaître ces principes qui en découlent : que la république ne peut sans forfaire, accorder de privilèges à aucune fraction du peuple, et qu'elle doit être par conséquent une république démocratique ; que cette république démocratique n'a de raison d'être, qu'à la condition de tendre constamment à l'amélioration matérielle et morale de tous, par l'amélioration matérielle et morale de chacun ; que la république est donc démocratique et sociale, seule forme actuellement pratique du progrès.

En face du vieux monde qui s'appuyait sur la monarchie, et dont les partisans restent logiques dans leur foi ; il ne devrait se dresser qu'une République s'appuyant sur le peuple, ainsi le veut la raison.

Grâce à l'ignorance du suffrage universel, grâce à l'égoïsme, à l'ambition, à la cupidité de certains républicains, au lieu d'une république démocratique et sociale, au lieu d'un principe un et indivisible, on a vu se produire, sous des noms divers, deux, trois, dix républiques : autant qu'il y a de chefs de groupes, autant qu'il y a de journaux pour les soutenir,

S'il n'y avait de divergences que sur les voies et moyens à employer, pour assurer la prospérité de la République, ce ne serait que demi-mal. On pourrait admettre que ces divergences sont produites par des forces diverses; dont il est possible de prendre le résultante, mais il n'y a d'accord véritable, avons-nous dit, que sur le nom seulement. Tous veulent la forme républicaine, mais ils veulent une république à la mesure de leurs convoitises et de leurs appétits; et, tous combattent le socialisme vrai, qui ne laisse point place aux ambitions particulières.

La presse réactionnaire raille cette incohérence absurde, dont elle profite; et, entre dans la discussion, en disant ironiquement à ses adversaires de s'entendre d'abord entre eux; la république de Thiers, n'était pas la république de Gambetta, qui n'était pas la république du minlstère d'aujourd'hui; laquelle peut ne pas être la république d'un ministère quelconconque de l'avenir.

Il est incontestable, que toutes ces discordances ne sont pas faites, pour conduire à une parfaite communion d'idées, des couches électorales trop loyales pour comprendre, que toutes les épithètes nouvelles qu'on accole chaque jour à la république: république modérée, république aimable, république des paysans, etc., etc., ne sont que des amorces à tromper l'électeur.

Au fond, de toutes ces républiques-là, il n'y en a qu'une en réalité: c'est la république oligarchique bourgeoise, l'opportunisme qui nous gouverne depuis la disparition de la république conservatrice, et qui, pas plus que cette dernière, n'est suspecte de la moindre sympathie pour le socialisme.

Son instrument de propagande, la presse opportuniste, on doit le reconnaître, est encore puissante, puissante par le nombre, puissante par la situation acquise.

L'opportunisme, à la faveur de son étiquette républicaine, a pu obtenir une prépondérance immense. Il faut dire aussi, qu'il a eu la bonne fortune de compter dans ses rangs de puissants orateurs et des écrivains distingués.

C'est ici qu'il faut admirer la force qui se cache derrière un simple mot. Faire tout au moment *opportun*, savoir attendre pour marcher plus rapidement sur un terrain déblayé de tout obstacle, il y avait là un mirage de raisonnement qui souriait au bon sens pratique du peuple.

L'opportunisme sut exploiter ce filon, il captiva tout à la fois, le prolétariat bourgeois et la petite bourgeoisie, et prit le pas sur les républicains radicaux et les socialistes.

Il aurait pu vivre longtemps à la faveur de l'équivoque appuyée de quelques lois politiques retentissantes; mais sa rapacité lui a valu un coup terrible aux dernières élections. Cependant, il n'y a pas à se dissimuler, que les tronçons en vivent encore et cherchent à se rejoindre.

Dans ce gâchis moral, dû au manque de clairvoyance de la petite bourgoisie, il est une chose profondément regrettable: c'est que toutes les mesures prises contre la démocratie, toutes les lois édictées contre le courant socialiste et par contre, toutes les protections exclusivement accordées au capitalisme, tout ce qui s'est fait d'anti-progressif depuis quinze ans, a été accompli au nom de la République, par des hommes qui se disaient républicains.

C'est ainsi que la réaction peut affirmer à grands cris, que la république ruine le pays par le népotisme, le fonctionnarisme, le gaspillage financier résultant d'entreprises lointaines, œuvres d'affaiblissement et de ruines.

Beaucoup d'électeurs, ne voyant que les apparences, prennent l'accusation pour bonne, car ils ne se rendent pas compte, que la dilapidation est, non pas le fait de la république, mais bien celui des pseudo-républicains qui se sont emparés de la caisse, et qui se la partagent avec leurs amis.

Les gens des campagnes surtout, sentent leur instinct de parcimonie se révolter, quand on leur dit que ceux-la mêmes qui sont chargés de la garde de la maison, sont les premiers à en jeter les clefs au vent.

Il y a là un danger, et, malheureusement, le campagnard, qui est en parti cause du mal par ses votes, ne lit guère les journaux socialistes qui pourraient le désabuser, et lui faire voir entre quelles mains, il a placé sa confiance.

Il lit plutôt les journaux réactionnaires qui accusent, il est vrai, les coupables, mais qui concluent, en affirmant que ces coupables ne sont que les produits naturels d'un régime, qui ne peut donner que des fruits viciés.

Au milieu de ce désarroi des consciences, comment veut-on que le peuple rural, le prolétariat-bourgeois et la petite bourgeoisie marchent au socialisme, avec l'entrain que leur donnerait leur instinct naturel, alors qu'ils sont assaillis sur leur route, par toutes ces voix trompeuses qui les arrêtent et les détournent du but ?

Dans cette nomenclature rapide, nous n'avons rien dit de la presse reptilienne chargée de mordre, dont Bismarck n'a pas seul la spécialité. Nous épargnerons ce dégoût à nos lecteurs.

Il faut compter encore la presse gouvernementale, dont le rôle est de toujours approuver le pouvoir ; et qui profite des largesses ministérielles doublement : d'abord sous forme palpable, proportionnellement au prix dont ses services sont évalués ; en second lieu, par l'accroissement de clientèle que lui prcure son titre de presse officieuse, laquelle est censée dans le secret des projets gouvernementaux, et qui se trouve ainsi un peu consultée comme un oracle.

Quant à la presse des départements, ce qu'on appelle la presse locale, qui pullule sous le couvert des préfets, des députés, des sénateurs, dont elle soutient les agissements ou les candidatures, elle n'est qu'une réduction en petit de la grande presse parisienne, qui lui fournit ses éléments de polémique, et dont elle reproduit les articles.

Tous les groupes, les sous-groupes, les nuances de la réaction, aussi bien que de la République, y sont représentés, on pourrait dire avec profusion, selon l'esprit ou le besoin de la localité.

Il y a même à remarquer dans la presse départementale, une exagération dans le ton, une acerbilité de polémique et un abus des personnalités, dont s'abstiennent généralement les journaux de Paris. Il semble que ces feuilles se défient de l'intelligence de leurs lecteurs et croient que leurs arguments doublent de valeur, à être brutalement enfoncés dans les cerveaux, à coups d'injures ou de phrases pleines d'exagération.

Ce n'est pas parmi ces variétés que se trouve la presse bienfaisante, à la hauteur de sa mission éducatrice.

Quelles sont les forces du socialisme pour tenir tête à cette effroyable avalanche de papier? Peu de chose, quelques journaux réellement bien inspirés, quelques feuilles appartenant soit aux radicaux d'extrême-gauche, soit au groupe radical socialiste, soit à certaines écoles socialistes.

Ces journaux soutiennent, de ci de là, des solutions politiques ou économiques émanées du socialisme; mais plus généralement attaquent avec vigueur les mesures anti-économiques ou anti-sociales, prises par le bourgeoisisme dirigeant.

Cette presse est plutôt une presse de combat; sa propagande est une propagande d'opposition où l'exposition des principes n'arrive que comme accessoire. De plan d'ensemble, il n'y en a pas, ou du moins, il n'est pas assez apparent pour être saisi par les intéressés.

En dehors de cette presse, qui malgré tout, rend de réels services, puisque c'est à ses attaques réitérées, que l'opportunisme doit son amoindrissement, se font remarquer les journaux essentiellement révolutionnaires, qui prêchent la résistance armée et le progrès social imposé par la force.

Comme il nous faudra consacrer un chapitre à la question révolutionnaire, nous nous contentons pour l'instant de dire à propos de la presse qui fait de cette solution, la conclusion de sa polémique, que le ton de cette presse est en général peu convenable. Il n'y a pas à lui reprocher la violence, puisque c'est sa thèse; mais on peut être virulent sans avoir besoin d'être grossier; et ce sont d'étranges éducateurs, que ces écrivains qui ne trouvent rien de mieux pour parler au peuple, que de recommencer « le *Père Duchêne* » et d'employer le langage des souteneurs et des repris de justice. Toute question de principes à part, ce manque de dignité est profondément regrettable.

Quoi qu'il en soit, ces journaux ont une grande influence auprès du prolétariat urbain, mais ils sont complètement délaissés par le prolétariat rural.

D'un autre côté, cette presse a pour effet immédiat, d'inspirer une certaine répugnance craintive au prolétariat-bourgeois, en même temps qu'une répulsion très caractérisée à la petite bourgeoisie.

Au point de vue de ces deux derniers groupes, il est évident que la presse ultra-révolutionnaire manque complètement son but. Si on peut, à la rigueur, admettre qu'elle soit assez entraînante pour soulever l'ouvrier d'industrie, on peut également affirmer avec certitude, qu'elle trouvera contre elle, l'ouvrier rural, la petite bourgeoisie et le prolétariat-bourgéois.

Nous reviendrons sur ce point qui a une importance capitale.

Après ces différentes catégories de journaux, dont les derniers au moins, en paraissent pas remplir leur véritable mission qui est d'instruire, viennent les revues et publications périodiques, hebdomaires ou mensuelles, qui, elles, ont compris la tâche qui incombe à une propagande rationnelle et scientifique. Malheureusement, ce genre de publications est très peu lu par le peuple même, et sert plutôt à affirmer l'opinion déjà faite des gens instruits.

Il en est de même pour la brochure, qui a parfois grand succès dans les villes ; mais, qui est à peu près inconnue dans les campagnes.

Au total, parisienne ou provinciale, toute la presse représente bien dans son ensemble les deux principes rivaux, aux prises partout et toujours. S'il y a à constater une réelle infériorité numérique de la presse purement socialiste et à reconnaître que les errements de la presse révolutionnaire sont détestables, s'il y a en outre des divisions dans le camp socialiste, ces divisions et ces écarts de direction sont d'autre part bien plus marqués encore dans le camp réactionnaire.

Cette armée de journaux qui dispose de ressources innombrables, cette armée manque d'unité. Tous, ou à peu près, sont bien disposés à barrer la ronte au socialisme; mais aucun ne veut abandonner une parcelle de place à son voisin, ni lui laisser empiéter sur son influence électorale, à moins de coalition où chaque intérêt est assuré de sa part de profit. De là des polémiques qui ne brillent pas toujours par l'aménité et la bonne foi.

L'action démoralisante, qui ne peut manquer de naître de la composition générale de la presse, trouve son remède dans une cause qui, en toute autre circonstance, devrait être considérée comme un mal; c'est que les classes mixtes lisent beaucoup moins qu'on ne pense; il y en a même qui ne lisent pas du tout.

Des trois grandes fractions, qui ont une influence capitale sur les résultats du suffrage universel: la petite bourgeoisie, le prolétariat-bourgeois et le prolétariat, deux seulement lisent régulièrement les journaux. C'est d'une part le prolétariat d'industrie qui lit les feuilles socialistes et révolutionnaires ; et d'autre part la petite bourgeoisie.

D'après le caractère connu de la dernière classe, ses journaux préférés sont alternativement les journaux opportunistes ou réactionnaires, selon les variations capricieuses imprimées par les événements à ses idées politiques.

Il en est à peu près de même du prolétariat-bourgeois-urbain; quant à la fraction rurale, elle ne lit pas du tout, ou lit sans suite, sans intérêt et sans profit.

Le choix d'un journal, parmi les classes mixtes, présente quelques particularités singulières, où la politique ne joue pour ainsi dire qu'un rôle en quelque sorte secondaire. C'est d'abord le prix d'achat ou d'abonnement. La presse à un sou jouit donc d'une préférence très marquée, sur sa concurrente dont les prix sont plus élevés.

Disons en passant, que cette préférence s'est tellement accentuée, que tous les journaux populaires tendent à devenir des journaux à un sou ; et que les seuls journaux, comme les *Débats*, le *Temps*, le *Figaro*, faits exclusivements pour la bourgeoisie, pourront conserver un prix supérieur.

Il y a encore une autre raison qui influe d'une manière remarquable sur le succès des journaux populaires, et cette raison, il faut le dire bien haut, n'est ni à l'honneur des lecteurs ni à l'honneur des écrivains; nous voulons parler des faits divers et du feuilleton.

Le fait-divers prend à tâche de faire du crime un objet de malsaine curiosité, le roman d'aventure, pour exciter l'intérêt du lecteur, se complaît dans la description de tout ce qu'une imagination déréglée peut concevoir, en situations immorales ou criminelles. Les jeunes gens et les femmes sont les plus avides à se repaître de cette littérature, ce qui loin d'être une atténuation, constituerait un danger public.

Cette tactique de piquer violemment la curiosité, pouvait avoir sa raison d'être dès le principe, quand il s'agissait d'amener des esprits engourdis à prendre l'habitude de la lecture. Mais maintenant que ce résultat est obtenu, il semble que nos romanciers pourraient faire mieux, que d'aller chercher leurs héros dans les bagnes et de montrer les répugnantes maladies morales de l'espèce humaine.

A signaler encore, comme détail typique, l'habitude, qui surtout chez le petit bourgeois et chez les gens peu lettrés, identifie le lecteur avec son journal, au point qu'il ne se donne plus la peine de raisonner et prend pour sienne, l'opinion qu'il achète toute faite pour un sou. On peut ainsi voir de bons petits bourgeois changer insensiblement de vues politiques, et devenir ministériels ou révolutionnaires, selon que leur journal tourne lui-même pour ou contre le gouvernement. Il y a là une réminiscence du sabre de M. Prudhomme.

Cette espèce d'avachissement moral n'existe pas chez le proletaire des villes ; du reste, ceci ressort de son tempéramment passionné, discuteur et libertaire. Les questions patrioques et surtout les questions économiques le surexcitent.

D'ailleurs, il n'est pas même besoin d'ajouter, que les écrits qu'il lit uniquement sont les feulles et les brochures socialistes. Et le plus souvent même, sa préférence est acquise aux écrits les plus révolutionnaires, dont il fait à lui seul le succés.

La tendance à ne plus lire commence au prolétariat bourgeois rural ; c'est surtout pour lui une question d'économie. Cette tendance s'accentue profondément chez l'ouvrier agricole, qui ne lit plus du tout et qui du reste, ne pourrait pas dépenser tousjours le sou du journal. Il faut dire aussi que dans certaines campagnes arriérées, il n'y a guère que les jeunes générations qui sachent lire et même qui comprennent le français.

Par conséquent, si le peuple des campagnes est à l'abri de la presse réactionnaire ou opportuniste, il est par ricochet, absolument privé de l'action profitable, que pourrait exercer sur son intelligence, la presse socialiste, et reste exposé sans défense à la propagande parlée de tous les partis, que nous avons vus se disputant ses suffrages.

Autre observation : si le peuple campagnard sachant lire ne lit pas de journaux, ce n'est pas, croyons-nous, qu'il éprouve de l'antipathie pour cette lecture, au contraire, mais, outre la dépense qui l'arrête, il y a encore cette raison concluante qu'il n'a pas toujours à sa portée, la facilité de satisfaire le désir de lecture qu'il pourrait avoir. Dans les villes et les bourgs, on peut à peu près trouver les journaux qu'on désire ; mais il n'en est pas de même, dans les petits villages et dans les hameaux.

Là où il n'y a pas de cette vente au numéro, il faut naturellement s'abstenir. Là ou il n'y a qu'un journal, on est bien forcé de s'en contenter. Combien n'y a-t-il pas de villages, où ne pénètrent d'autres feuilles que le *Petit Journal.*

Il y aurait bien l'abonnement en société, mais il présente des inconvénients et n'est point passé dans les mœurs.

En somme, il faut bien reconnaître que l'élément rural, qui constitue à lui seul la moitié de la population, est à peu près délaissé par le socialisme ; ou tout au moins est trop négligé.

Cet abandon laisse cette portion du pays, qui par sa nature même, aurait besoin d'être stimulée, à l'entière merci de l'élément clérical dont l'influence séculaire maintient encore sa prépondérance.

Ce qui manque : c'est, pour chaque classe de la population un organe spécial, qui prenne en main les intérêts particuliers de cette classe, en les rapportant à l'intérêt général.

Cette dernière condition, qui n'est jamais remplie, fait que la presse de tous les partis n'est qu'une presse de combat. Ce qui manque encore : c'est une organisation matérielle assez bien comprise, pour qu'il n'y ait plus de citoyens tenus à l'écart de la vie politique ; pour que la parole écrite puisse pénétrer dans les coins les plus reculés ; et que ceux-là seuls, qui ne liront pas, soient ceux qui ne voudront pas lire ou se faire donner lecture.

Au point de vue de la propagande parlée ou écrite, le socialisme est donc beaucoup moins outillé que ses adversaires et surtout que les opportunistes ou républicains-bourgeois. Cependant, comme la forme républicaine est la première condition de l'existence possible du socialisme, il en résulte que malgré l'infériorité de ses moyens, sa cause est en voie de progrès. Ses adversaires mêmes, nous parlons des opportunistes, travaillent inconsciemment pour lui, en poussant le prolétariat bourgeois et la petite bourgeoisie vers la République. Quoi qu'ils en disent, voter pour la République, c'est faire un premier pas, un pas décisif vers le socialisme.

Pour les y faire avancer davantage, il faudrait tout simplement faire bien comprendre ce qu'est le socialisme.

En les examinant par le petit côté, le côté égoïste et mesquin du caractère humain, que trouvons-nous en eux ? Rien d'absolument réfractaire à l'idée socialiste.

Les hommes de ces classes, même les plus développés, n'ont guère en politique d'ambitions personnelles bien étendues. Ils savent que leurs capacités ne leur permettent pas de briguer les emplois élevés de la République, accaparés par leurs congénères de la moyenne et de la haute bourgeoisie. Leur convoitise ne va pas au delà des petits emplois et des petits bénéfices obtenus par faveur. Or, cette récolte est assez maigre, pour qu'ils n'hésitent pas un moment, à l'abandonner sans regrets, s'ils trouvaient dans le socialisme des compensations équivalentes.

Dans l'état économique actuel, le prolétariat-bourgeois et la petite bourgeoisie bénéficient du travail de leurs surbordonnés. La répartition des produits du travail, opérée conformément aux doctrines de toutes les écoles socialistes, aurait pour résultat immédiat de supprimer ces bénéfices, que ceux-qui les touchent aujourd'hui, regardent comme absolument légitimes.

Mais la petite bourgeoisie perdrait-elle réellement, à l'établissement du nouvel ordre économique ?

Le socialisme aura fait presque entièrement son chemin, le jour où il aura convaincu la petite bourgeoisie : d'abord, que sa sécurité personnelle n'est pas compromise, et qu'il n'est nullement question de la coller au mur, puis que sa bourse ne deviendra pas plus légère.

Sur ce dernier point, — le plus difficile à lui faire comprendre, — il faut lui démontrer : que cette exploitation, qu'elle fait subir en petit, aux quelques travailleurs qu'elle emploie; cette exploitation, elle la subit elle-même, sous mille formes diverses à un degré souvent plus intense, de la part de l'oligarchie financière et industrielle, et que délivrer le prolétariat, c'est la délivrer elle-même à son grand avantage. Voilà ce que la petite bourgeoisie a besoin de comprendre. Quant au prolétariat-bourgeois, il serait vite conquis.

C'est à cette heure-là seulement, que l'esprit versatile qui caractérise actuellemont ces classes de transition, aura trouvé une orientation conforme à ses instincts, à ses intérêts, à ses espérances, et il abandonnera son ancienne instabilité, pour suivre résolument et invariablement le chemin du progrès.

Sans doute, la tâche est difficile étant donnée la pénurie de moyens matériels, dont dispose le socialisme.

Il faudrait d'abord de l'argent, beaucoup d'argent; des feuilles ne s'impriment pas et ne se distribuent pas toutes seules.

Il en faudrait aussi, pour porter la parole jusqu'au fond des bourgades les plus arrièrées. Certes, les hommes dévoués à leurs convictions ne sont pas rares ; mais encore, leur dévouement, tant désintéressé soit-il, ne peut-être suffisant pour défrayer leur subsistance et leur déplacement.

Les millionnaires ne se comptent pas par douzaines dans le camp socialiste, qui ne dispose pas, comme l'opportunisme, des subsides sortis des fonds secrets, subsides qui entretiennent la verve de tant de journaux.

Il y a donc une organisation de propagande à trouver, plus efficace que celle qui est actuellement mise en œuvre.

Aujourd'hui, les villes sont relativement bien partagées au point de vue de l'instruction politique de l'ouvrier industriel ; mais le prolétaire-bourgeois et le petit bourgeois sont complétement négligés. Cependant il serait bien plus urgent de les convaincre, que de s'en tenir à catéchiser le prolétaire proprement dit, qui lui, va naturellement et sans effort au progrès, même à la révolution.

Au lieu de cela, on n'a guère jusqu'ici, réussi qu'à effrayer le petit bourgeois, en l'assimilant à la moyenne et à la haute bourgeoisie.

Ce qui se passe à la ville, se passe *à fortiori* à la campagne avec aggravation.

Là, non seulement le prolétariat-bourgeois et la petite bourgeoisie sont abandonnés à la pression réactionnaire ou opportuniste, mais l'ouvrier agricole est lui-même laissé en dehors de toute propagande régulière et suivie.

Il est certain, répétons-le, que malgré cette pénurie de moyens, la cause socialiste a gagné du terrain aux dernières élections et qu'elle pourra vraisemblablement en gagner encore ; mais, tout indiscutable que soit ce progrès, il y a dans la façon dont il s'établit, un grave inconvénient : c'est qu'il laisse subsister entre les diverses couches électorales, la différence intellectuelle dont nous avons analysé les fâcheux effets.

La marche de l'éducation politique du peuple n'est pas pondérée, les couches urbaines allant trop vite eu égard à la lenteur des couches rurales, ou si l'on aime mieux, les couches rurales, marchant trop lentement, comparativement aux couches urbaines.

Il y a là une cause de désunion qui, sous l'influence de certains événements, pourrait être cause d'une régression. Régression momentanée, si on veut, mais qui n'en serait pas moins un ralentissement.

Il est donc urgent, que le socialisme avise promptement à multiplier et à compléter ses moyens de propagande, en ne s'endormant pas sur les résultats déjà obtenus.

Il y va pour lui, non pas du succès, qui est à peu près certain; mais de la rapidité du succès, dont il est encore impossible de préciser l'époque.

Nous insistons d'autant plus, que la presse qui préconise, comme unique moyen, la révolution violente, pourrait entraîner les impatients à s'armer et à tenter un coup de force. C'est une éventualité qui ne doit pas être considérée comme négligeable et qu'il convient d'examiner.

CHAPITRE XI

ÉVOLUTION ET RÉVOLUTION

SOMMAIRE. — Raisonnements révolutionnaires. — Côtés spécieux. — Vrai terrain de discussion. — Examen des moyens révolutionnaires. — Conditions indispensables à une insurrection. — Divergences d'appréciations. — Insurrection du prolétariat. — Manque de solidarité. — Manque de programmes. — Opposition de la petite bourgeoisie et du prolétariat bourgeois. — Insurrection de juin 1848. — Rôle de l'armée. — Après le combat. — Exemples de régression causés par l'insurrection. — La propagande par le fait. — L'assassinat politique. — Infécondité de la force. — Une insurrection ne pourrait actuellement rien fonder. Le suffrage universel a sanctionné le Capitalisme, il faut l'amener à sanctionner le Socialisme.

Les violents disent :

« Evolution ou révolution, qu'importe ? — « C'est tout un. Il n'y a pas un mouvement dans « l'humanité qui ne détruise, ne change ou ne « révolutionne quelque chose. La révolution « n'est qu'une forme de l'évolution ; et en politi- « que, elle offre un avantage inappréciable, c'est « d'être plus rapide. Elle peut briser de ci de « là ; mais elle rachète ce défaut en gagnant du « temps : l'évolution marche, la révolution « court.

« L'espèce humaine est affamée de progrès ;
« elle s'inquiète peu que quelques-uns des siens
« soient sacrifiés au profit de tous; ce sont
« des nécessités douloureuses, qui passent inaperçues dans l'immensité des résultats. Est-
« ce que la nature ne donne pas l'exemple, en
« créant mille graines, pour n'en faire germer
« qu'une ? L'essentiel c'est que le mouvement se
« fasse, non pas seulement sans arrêt et sans
« ralentissement, mais en accélérant sans cesse
« sa course.

Ce raisonnement ne manque pas d'une certaine grandeur en raison de la rigidité de ses conclusions ; mais il est spécieux.

Oui, sans doute, dans l'évolution ou la révolution, le but est le même ; c'est l'enfantement d'un fait social destiné à remplacer un autre fait social dont l'œuvre est terminée.

Seulement, avec la révolution, c'est un enfantement par le forceps, qui risque de tuer la mère et l'enfant ; tandis que l'évolution, c'est le germe qui se développe, sans hâte factice, sous l'action naturelle des influences climatériques et des sucs nourriciers, qui président à sa croissance.

Les généralités philosophiques ont leur valeur qu'elles puisent dans la science ; mais à côté de la spéculation théorique, il y a la pratique qui est le fait. Il faut voir si la science et le fait peuvent coïncider ; il faut voir si dans l'application, les principes ne doivent pas se soumettre à des exigences d'adaptations nécessitées par le temps, la situation, les conditions du milieu.

Nous voulons bien reconnaître que la révolution n'est qu'une évolution d'un genre particulier ; mais ce genre est-il applicable à l'objet spécial que nous discutons ? Là est la question.

De quoi s'agit-il en effet ? De renverser violemment dans un coin du monde qui s'appelle : France, une forme sociale qui s'appelle : Capitalisme, pour la remplacer pour une autre forme sociale qui s'appelle : Socialisme.

On a vu que nous sommes loin de marchander au socialisme la légitimité de ses revendications, nous croyons fermement qu'il incarne le progrès, l'équité et qu'il régénérera le monde. Mais notre préférence ne doit pas nous empêcher de poser le problême comme il doit l'être, c'est-à-dire en tenant compte de l'état actuel de notre société.

Le dénombrement des couches électorales a démontré que, si le capitalisme est une minorité, le socialisme n'est également qu'une autre minorité. Le Capitalisme a imposé son autorité à la masse, par la ruse et l'a maintenue par la ruse et la force, le socialisme révolutionnaire veut imposer la sienne par la force, avec l'espoir vague de se maintenir par la persuasion.

Sur le terrain théorique, si la lutte entre les deux principes suit normalement sa marche naturelle ; en pratique, la méthode révolutionnaire ne semble plus être aujourd'hui, qu'une compétition pour s'emparer du pouvoir par les armes. Nous n'y voyons ni une évolution, ni une révolution, mais une simple insurrection.

Nous ne rééditerons que pour mémoire ce qui a déjà été dit si souvent, et ce que n'ont jamais voulu admettre malgré la justesse de l'objection, les partisans quand même des moyens révolutionnaires ; c'est que l'insurrection n'a pas de raison d'être dans une république qui possède le suffrage universel. On comprend qu'un peuple asservi, qui n'a aucun moyen légal de dénouer ses chaînes, soit en droit de les briser. On s'explique la prise de la Bastille, comme on s'explique encore, tout en le déplorant, la dynamite des nihilistes russes, ou les sauvages vengeance des paysans Irlandais. Là, il n'y a pas d'autre issue que la force ; donc, pas de choix à faire, il faut s'armer.

Mais chez nous, en France, on ne saurait trouver une raison sérieuse à une insurrection soulevée au nom du peuple, laquelle, par une étrange aberration des choses, serait combattue au nom du peuple, par l'armée du peuple obéissant aux ordres des élus du peuple. Le peuple s'insurgeant contre le peuple !

Il y a dans cette hypothèse quelque chose qui choque la raison et qui répugne au bon sens, si on veut se maintenir dans les limites de la logique et du droit strict. Mais à côté du droit, en dehors du raisonnement, il y a une objection toute de sentiment et de passion, qui est mise en avant par les partisans du combat immédiat.

Cette objection est celle-ci : les couches prolétariennes, malgré leur liberté apparente, sont tenues par les classes dirigeantes capitalistes, dans un état d'asservissement dont il leur est impossible de s'affranchir ; c'est l'asservissement par la faim. Les lois sont toutes en faveur de l'élément privilégié. Le prolétaire ne peut vivre sans se courber sous le joug de ceux qui possèdent, il subit, par le salariat, un servage différent de celui, que subissaient ses pères attachés à la glèbe, mais qui n'en est pas moins dur.

Espérer un changement d'état, tant que le capitalisme sera vivant, est une illusion vaine ; il ne peut y avoir de fusion entre la bourgeoisie régnante et le prolétariat ; l'un est la négation de l'autre. De la légalité, il ne peut être question ; c'est un duel à mort entre les deux partis ; et ceux qui ont les yeux ouverts à la lumière, doivent donner le signal et descendre dans l'arène, en appelant aux armes leurs frères moins clairvoyants. Il y a dans ces deux manières opposées d'envisager la question, simplement une affaire de tempérament. Le but est bien le même ; seulement, les uns pensent qu'il vaut mieux tourner lentement, mais sûrement l'obstacle ; les autres jugent qu'il est préférable de le briser quitte à être blessé par les éclats. Ces derniers sont les impatients. Leur impatience a le plus souvent pour cause première une misère noire lorsque ce n'est pas une ambition inavouée. Ceux-ci sont criminels ; quant aux autres, leur sort lamentable peut faire comprendre et excuser leur exaltation ; mais, on est bien en droit de leur faire observer, que cette exaltation risque d'être plus nuisible que profitable à leur cause.

Sans chercher à examiner en ce moment si la force est réellement un moyen de propagande durable, raisonnons simplement sur le *désidératum* révolutionnaire, sans en discuter la valeur morale et admettons l'insurrection, non seulement comme un fait, mais comme un droit ; et même, si on veut rappeler une phrase célèbre, comme un devoir, comme le plus saint des devoirs.

Pour qu'une insurrection ne puisse être taxée du nom d'émeute isolée et sans consistance, il est nécessaire qu'elle ait un prétexte immédiat, que le pays tout entier puisse au moins comprendre sinon approuver ; il faut en outre qu'elle ait, nous ne dirons pas des chances certaines ; mais au moins de fortes probabilités de succès. Autrement, ce ne serait qu'une équipée de casse-cous provoquée par une folle témérité.

Aujourd'hui, le prétexte serait sans doute facile à trouver, pour ce qui touche le prolétariat d'industrie, dont l'humeur est la plus remuante. La crise dont nous souffrons et qui pèse si lourdement sur l'ouvrier, le prédispose à un mécontentement qui passerait facilement de l'état passif à l'état insurrectionnel. Il suffirait d'une grève motivée, comme celle de Decazeville, par exemple, qui gagnant de proche en proche, engloberait non seulement l'industrie minière, mais encore toutes les industries connexes, pour créer une armée imposante, qui ne serait pas sans donner de fortes inquiétudes au parti capitaliste.

Ces éléments, tout formidables qu'ils soient, ne seraient cependant pas suffisants pour amener une révolution sociale. Ce serait une insurrection terrible, mais ce ne serait pas une révolution ; parce que le sentiment de la solidarité est encore inconnu du prolétariat, comme il est inconnu à toutes les classes mixtes.

La solidarité des travailleurs industriels est loin d'être établie, généralisée et comprise par les intéressés. Chacun se confine dans les revendications qui le touchent personnellement ou qui touchent le métier, et se contente, dès qu'il a obtenu satisfaction, de faire des vœux platoniques pour le succès de son voisin.

L'ouvrier agricole, dont le concours serait si précieux, se tient en dehors de toute manifestation sociale ; d'abord, à cause de sa vie isolée qui s'oppose à toute action d'ensemble ; ensuite, parce que nourri à la ferme, il est toujours sûr de manger du pain, tant noir soit-il.

Les congrès ouvriers ont bien, il est vrai, élaboré des programmes de revendications, qui touchent à toutes les catégories de travailleurs ; et qui seraient grandement suffisants, pour servir de mot d'ordre à un mouvement général. Mais, d'abord, ces programmes se maintiennent, en général, dans une sorte d'exclusivisme de secte qui réduit leur envergure. On sent que c'est l'œuvre de quelques-uns, non pas l'œuvre de tous. Puis, ils ont un tort plus grand encore, c'est d'être ignorés de la masse des travailleurs.

Aucun lien véritable n'unit entre eux tous ces hommes, dont l'intérêt est identique et qui n'auraient besoin que de se sentir les coudes, que de savoir qu'ils ne sont pas isolés, pour vaincre leur ennemi, sans même avoir besoin de le combattre.

Nous l'avons déjà dit, et nous ne saurions trop le répéter, c'est au socialisme qu'incombe le devoir de réunir en faisceau toutes ces forces éparses.

Quoique paraissant ici faire un cours de guerre civile, nous ne sommes en réalité, rien moins que partisans de ses secousses violentes, et si nous en pesons ainsi les possibilités, c'est pour essayer d'ouvrir les yeux à l'ouvrier d'industrie, qui serait seul dans cette lutte inégale et qui, comme toujours, y perdrait ses soldats les plus résolus.

Malgré l'élaboration déjà tentée d'un programme, destiné à grouper les deux classes de prolétaires, (urbains et ruraux), programme, qui avec des corrections, pourrait en outre rallier une grande partie du prolétariat-bourgeois des villes, nous maintenons que le moment n'est pas venu pour les révolutionnaires de tenter un coup de main. L'accord n'est pas assez avancé entre l'ouvrier industriel et l'ouvrier agricole; et même cet accord n'existe pour ainsi dire, qu'à l'état embryonnaire, entre les travailleurs des diverses catégories d'industrie.

Une seule chose pourrait accidentellement grouper dans un même élan toutes les classes populaires, ce serait une question patriotique, comme par exemple, une nouvelle invasion allemande, ou bien encore, une question politique, comme la suppression du suffrage universel, ou une tentative armée de restauration monarchique.

Dans ces divers cas, la question sociale resterait au second plan; mais après le combat, qu'elle qu'en fut l'issue, cette question sociale se dresserait de nouveau avec la même âpreté et le même besoin de solution.

Si la solidarité de fait n'existe pas encore entre les travailleurs, il n'y a pas, en tout cas, entre eux, de discordance accentuée mais, il n'en est plus de même, en ce qui touche ces travailleurs d'une part, et de l'autre, la petite bourgeoisie, qui considère tout mouvement populaire, basé sur une revendication économique, comme un attentat à ses droits.

Cette petite bourgeoisie serait donc capable de se mettre résolumeni en travers du mouvement ; et cela avec une énergte d'autant plus grande, qu'elle croirait marcher à la défense de la société, et (chose plus grave) de sa bourse.

Dans cet élan, elle entraînerait avec elle une grande partie du prolétariat-bourgeois campagnard, et, les deux réunis, n'hésiterait pas à s'armer, s'il le fallait, pour donner à la troupe un concours actif, en dehors du concours moral.

Cette levée de boucliers, nous nous rappelons l'avoir vue dans toute son intensité, lors de l'insurrection de Juin 1848.

De tous les coins de la France, des corps de gardes-nationaux volontaires arrivaient sur Paris, pour combattre cette insurrection, et ils ont puissamment contribué à l'étouffer, non pas précisément par le concours matériel qu'ils apportaient ; mais par l'encouragemeet que leur présence donnait aux soldats.

L'armée regulière, en effet, avait toujours eu pour guide de sa conduite, dans les révolutions précédentes, l'attitude de la garde nationale.

La garde-nationale mobile, qui avait été enregimentée après la révolution de février, et qui était composée en grande partie d'enfants de Paris, ne comprit pas mieux ce mouvement insurrectionnel que la petite bourgeoisie, et elle le combattit avec un acharnement, qui valut à ses soldats l'épithète de « *bouchers de Cavaignac.* »

La répression fut terriblement sanglante; trente cinq mille insurgés furent tués, envoyés sur les pontons ou déportés ; et l'armée socialiste, ainsi décimée, laissa le champ libre aux entreprises de la réaction et de Louis-Napoléon-Bonaparte. Il est hors de doute que si les combattants de juin eussent encore été debout, le coup du Deux-Décembre, n'aurait pu être tenté, et nous n'aurions pas eu à subir les hontes de l'Empire.

Il faut tenir compte de ceci : c'est qu'au moment de l'insurrection de juin, la population parisienne était presque toute entière armée, et que les insurgés qui, par extraordinaire, n'avaient pas d'armes chez eux, étaient sûrs d'en trouver en montant dans les maisons. Cette circonstance avait singulièrement facilité l'explosion et donné de grandes ressources à l'armée insurrectionnelle; aussi l'Empire s'empressa-t-il de désarmer successivement toutes les gardes nationales de France.

Aujourd'hui, un soulèvement éprouverait à se pourvoir d'armes, de grandes difficultés, à moins de supposer, que la troupe appelée pour le combattre, ne fît cause commune avec l'insurrection, et ne se laissât désarmer.

Nous ne voyons pas quelles raisons sérieuses pourraient faire concevoir cette chimérique espérance.

Il en est de l'armée, comme des classes prolétariennes que nous avons étudiées. Elle est, par l'isolement politique où on la tient, par la démarcation systématiquement entretenue qui en fait une caste spéciale, par l'esprit de corps que prend chaque homme en endossant l'uniforme, par le dédain voulu du militaire pour le pékin, par l'oppression disciplinaire des officiers qui sont à peu près tous réactionnaires; l'armée, disons-nous, est loin d'en être arrivée à avoir une pensée politique commune avec le peuple, ce même peuple dont elle faisait partie hier, ou elle doit rentrer demain, et dont elle partagera à nouveau tous les instincts en déposant la casaque militaire, pour reprendre la blouse de l'ouvrier.

Et de cette contradiction, il n'y a pas lieu de s'étonner outre mesure ; n'avons-nous pas remarqué que la cohésion manque partout dans le camp populaire, et que c'est précisément cette dissémination de forces qui fait le succès du Capitalisme.

Allons jusqu'à admettre l'hypothèse improbable du succès d'une insurrection exclusivement prolétarienne.

Il est évident qu'aussitôt après le combat, devrait commencer la période d'organisation.

Le prolétariat ne saurait avoir la prétention insensée d'obtenir par la force, une adhésion immédiate et complète à ses idées, en supposant même, qu'il eut un système de gouvernement parfaitement étudié dans toutes ses parties et qu'il n'y eut plus qu'à en mettre les rouages en mouvement. Ce serait, dans ce cas, une tyrannie populaire qui, comme toutes les tyrannies, deviendrait vite insupportable.

Il faudrait, de toute nécessité, pour ne pas mentir à son origine, que le gouvernement nouveau en vint à consulter le suffrage universel, et avec les sentiments que nous connaissons, non seulement aux classes réactionnaires, mais aussi à la petite bourgeoisie unie au prolétariat bourgeois, il n'est pas douteux que cette consultation aurait pour premier effet de constituer une opposition qui pourrait être considérable.

Malgré sa facilité à se laisser entraîner, le suffrage universel éprouve un recul instinctif en face de tout ce qu'il ne comprend pas, ou de tout ce qui veut s'imposer. Ce sentiment est du reste en parfaite conformité avec le caractère du paysan et du petit bourgeois qui font les majorités.

De cela, les exemples fourmillent; en voici quelques-uns: En 1848, l'assemblée constituante, nommée dans le moment du premier enthousiasme, à la suite d'une révolution acclamée par le pays tout entier, fut foncièrement républicaine.

De suite, après, l'assemblée législative fut élue sous l'influence d'un courant réactionnaire, provoqué par la peur de théories sociales, qui étaient pour la petite bourgeoisie, des nouveautés terrifiantes.

Et cependant, insistons encore, si elle avait été une surprise pour quelques-uns, la Révolutionde 1848 n'était que la conséquence forcée du mépris, qui animait le pays tout entier contre la monarchie de Juillet.

Nous passons les scrutins de l'Empire et les candidatures officielles, ce fut une période d'avachissement au terme de laquelle, le pays se mit cependant à secouer sa torpeur; alors ses maîtres jugèrent prudent d'avoir recours à un dérivatif puissant: la guerre.

Ils y succombèrent.

Après l'Empire, se reproduit un mouvement alternatif du suffrage universel, dans les élections successives auquelles donna lieu l'assemblée de Versailles. Cette assemblée franchement réactionnaire, sembla tout d'abord révéler un recul de l'opinion publique ; mais à chaque élection complémentaire, le pays prouvait qu'il entendait s'opposer à toute intrusion monarchique.

Le mouvement anti-monarchique continua contre les hommes du 16 mai. Puis le mouvement de bascule recommence et en 1885, on voit le corps électoral nommer un assez grand nombre de députés conservateurs, effet d'évidente réaction contre les agissements opportunistes.

Dans ces différentes manifestations, il s'agissait pour l'électeur de choisir entre deux attitudes parfaitement distinctes, et ne pouvant prêter à aucune espèce de confusion; les questions étaient essentiellement politiques et très clairement posées ; les problèmes économiques ne venaient qu'en second rang, c'est ce qui explique une apparente intelligence de vues.

Du reste, il y a ceci de remarquable ; c'est que dans ses mouvements qui semblent les plus nets, le suffrage universel indique plus clairement ce qu'il ne veut pas, qu'il n'explique ce qu'il veut, et cela tient uniquement à la façon, si souvent fausse, dont il juge les hommes qu'il choisit.

N'oublions pas que nous nageons toujours en pleine équivoque. Mais s'il est facile aux classes de la petite bourgeoisie, comme aux classes essentiellement plébéiennes, d'opter entre la république et la monarchie, il n'en est plus de même pour tout ce qui touche aux questions d'économie sociale. Le choix est beaucoup moins aisé encore, s'il s'agit de se décider en connaissance de cause, entre le capitalisme et le socialisme ; deux mots que la majorité des électeurs est loin de pouvoir traduire exactement et de comprendre clairement le sens.

Nous croyons donc que c'est là qu'il faut porter la lumière, et qu'avant tout, il faut commencer par bien définir les choses ; mais nous croyons également, que c'est une étrange méthode d'instruction, que celle qui s'impose par la violence.

Pense-t-on que l'acte de l'anarchiste Gallo soit bien profitable à l'humanité? Ce qu'il a appelé la propragande par le fait, peut tout au plus exciter l'admiration de quelques esprits malades, comme celui de Duval, un autre anarchiste, qui lui, faisait la guerre à la bourgeoisie en la dévalisant.

Allons plus loin dans cette théorie du meurtre, puisqu'à notre époque de névrose, il se trouve des gens qui osent en affirmer la légitimité.

Là, où il y a tyrannie d'un homme sur un peuple, il peut y avoir une sorte de grandeur farouche à se dévouer pour détruire le tyran présent, et pour effrayer du même coup les tyrans à venir. Ces hommes passionnés, qui se transforment ainsi en vengeurs et en justiciers, font éprouver une sorte d'admiration respectueuse qui donne au crime même l'apparence de l'abnégation. On sent qu'il y a de l'héroïsme dans le fait d'un Brutus, d'un Scévola, d'un Orsini ; et on comprend que s'il y a du sang sous cet héroïsme, ces hommes sont prêts à le payer de leur propre sang.

Mais, si ces exécutions terribles sont discutables, quand il s'agit de supprimer une unité antocratique, elles deviennent de réelles monstruosités, quand elles s'attaquent à une collectivité.

En tuant des partisans, on ne tue pas un parti.

Qu'une doctrine soit digne de réprobation ou de respect, peu importe ; derrière un parti, il y a une doctrine, une idée ; et l'idée ne se remplace que par une autre idée.

Tous les pouvoirs monarchiques ou populaires, qui ont voulu tenter de violenter la pensée, ont misérablement échoué. Aussi bien Louis XIV avec ses dragonnades, que le Comité de salut public avec ses échafauds. Toutes les terreurs rouges ou blanches, ne sauraient être qu'inféconde, parce que le fusil ou le sabre ne prouvent rien, et que l'échafaud ni la corde ne peuvent faire office d'arguments.

Des hommes, par malheur encore trop nombreux, malgré leur petit nombre, à qui on peut même accorder une espèce de dévouement au progrès, se mettent fâcheusement en dehors de cette fraternité universelle, dont ils se disent les disciples. En proclamant des théories de destruction, qui ne font nullement partie intégrante du socialisme, ils jettent une sorte de défaveur sur ceux qui, moins violents ou plus réfléchis, pensent qu'on ne supprime pas la contradiction, en supprimant les contradicteurs, que tuer les gens n'est pas la même chose que les convaincre; et que quoi qu'on fasse, le sang laisse toujours une tache.

Il est bien certain, que ceux qui parlent de liquidation sociale, ne sont pas tous des énergumènes sanguinaires; mais il suffit que quelques-uns soient de ce tempérament, pour jeter la déconsidération morale sur tous les autres.

Nous aussi nous voulons une liquidation sociale; mais cette liquidation nous voulons l'obtenir par la force de la raison, et non par la force des armes.

Il y a quelque chose à détruire, qu'il faut détruire radicalement et vite; c'est l'ignorance. Une évolution scientifique, oui! une révolution aveugle, non! — L'avénement du Socialisme nous paraît être, non pas la dernière, mais la plus difficile des étapes à accomplir pour l'humanité, qui a successivement passé sous tant de jougs différents. C'est pour cela, qu'il est de la plus vulgaire prudence, de ne pas livrer l'avenir aux hasards d'une bataille. Tant qu'il nous restera le droit de parler, le droit d'écrire, le droit de voter, toute tentative de prise d'armes serait un crime et une faute; parce que cette tentative serait fatalement vouée à un piteux échec.

Des révolutionnaires obstinés peuvent exposer résolument leurs principes et leur méthode d'entraînement, ils auraient peut-être derrière eux, pour soldats, une fraction des ouvriers d'industrie. Admettons même qu'ils les aient en totalité. Mais ils auraient contre eux l'armée, qui est aux mains de l'opportunisme ; ils auraient contre eux, outre les conservateurs, la petite-bourgeoisie et le prolétariat-bourgeois.

Ainsi isolés, mal armés, mal préparés, le seul résultat serait une immense hécatombe de prolétaires et une recrudescence de ces haines de classes, qui arrêtent bien plus sûrement la marche du progrès, que tous les efforts de la réaction.

Ce que l'insurrection de Juin 1848 n'a pu faire malgré sa force ; ce que la Commune n'a pu mener à bien, malgré les chances exceptionnels de succès, que lui donnaient son armement, son organisation et la quasi-legitimation donnée par des élections, qui n'eurent qu'un tort : c'est d'avoir été faites par un trop petit nombre d'électeurs ; comment l'accompliraient-ils, les révolutionnaires d'aujourd'hui ? Ils n'auraient même pas, comme leur devancier la possibilités de livrer une véritable bataille.

Il leur faudrait se faire lamentablement massacrer, comme les grévistes belges ou les paysans irlandais, à moins qu'ils ne renonçassent à lutter au grand jour, pour se livrer dans l'ombre, à un odieux travail de destruction par l'incendie et la dynamite. Cette dernière supposition ne peut même pas être posée ; le vieux sang de ces Gaulois qui marchaient nus au combat, coule dans les veines de notre peuple et il se révolterait à l'idée de se servir de semblables armes. Et puis, il est encore une considération d'un poids remarquable qu'il est important de ne pas perdre de vue un seul instant : c'est qu'une insurrection aurait pour résultat certain, de servir les intérêts du Capitalisme. Celui-ci connait son histoire contemporaine et il sait, que chaque révolte vaincue a raffermi sa puissance et lui a fait gagner quelques années de répit.

Quand il a pu écrêmer ce qu'il y a de plus énergique et de plus résolu dans le prolétariat ; et qu'il s'est débarrassé de cette élite par la fusillade et l'exil, il se sent alors respirer plus à l'aise et pense qu'il lui reste du temps à jouir, avant que de nouveaux affamés ne se lèvent.

C'est ce qui est arrivé après 1848, après 1852, après 1871. C'est ce qui arrive toujours à la suite des insurrections vaincues, et c'est ce qui arriverait infailliblement aujourd'hui, si l'ouvrier se laissait entraîner à revendiquer par les armes, ce qu'il peut revendiquer par la loi.

Le capitalisme connaît aussi bien que nous cette vérité, que nous énoncions précédemment : qu'on peut détruire un homme, mais qu'on ne détruit pas une collectivité.

Il faut bien voir les choses comme elles sont, le capitalisme est une collectivité qui se chiffre par plusieurs millions d'hommes, et il représente la légalité, puisqu'il a été porté au pouvoir par le vote populaire. — Qu'importe, que le suffrage universel se soit fourvoyé? Il ne peut revenir sur cette erreur que par un vote contraire. La réaction est unie pour sa propre défense, mieux que la révolution ne l'est pour l'attaque, et il y a une différence énorme dans l'effort à déployer pour chaque parti en cas de conflit.

Pour extirper le bourgeoisisme en supprimant les bourgeois, il faudrait en supprimer des millions, ce qui ne laisse pas que d'être une rude besogne. Pour arrêter l'élan révolutionnaire il suffit de supprimer les insurgés, et la chose est plus facile; nous en avons eu la preuve aux trois époques insurrectionnelles que nous avons citées.

On en trouverait bien d'autres, si l'on voulait remonter plus loin que notre histoire contemporaine.

L'impuissance de la violence seule est ainsi bien prouvée. La loi du mouvement est basée sur une modification continuelle des idées par superposition. Les vieux principes se désagrègent, quand naissent les principes nouveaux qui doivent les remplacer; les hommes ne sont là que comme agents de la métamorphose et jouent pour ainsi dire le même rôle, que les réactifs dans les combinaisons chimiques; ils dégagent l'idée des éléments étrangers qui l'obscurcissent.

Le litige que notre époque a mission de terminer, est posé dans des termes d'une frappante clarté.

Le socialisme revendique l'équité dans la répartition des charges et des bénéfices sociaux, il a donc pour lui la justice.

Le capitalisme, comme principe, n'a que l'autorité de lois faites par lui-même, à son profit exclusif. Il possède le pouvoir, ce qui lui permet d'employer la force légale contre les attaques violentes et illégales ; mais ce pouvoir est sans valeur, contre un revirement raisonné du suffrage universel.

Le capitalisme ne peut espérer détruire l'idée socialiste, il n'y songe pas ; mais il cherche constamment à en reculer l'avènement, en profitant des fautes de son adversaire et en spéculant sur l'ignorance des masses.

Le socialisme ne doit songer qu'à annihiler cette tactique, en persuadant qu'il est, lui, le représentant du droit de tous contre l'abus de quelques-uns, et cette persuasion, il ne peut la faire pénétrer dans les masses, qu'en employant les moyens pacifiques.

Le capitalisme repose sur l'abus, c'est très vrai, mais cet abus est passé, par la loi, à l'état de droit ; et ce qu'il y a de pis, à l'état de droit sanctionné par les suffrages du peuple. Et cette sanction conserve son caractère légal, non seulement aux yeux de ceux qui en profitent; mais encore aux yeux de beaucoup de ceux qui en sont les victimes inconscientes.

N'oublions pas que le capitalisme aujourd'hui

représente encore un principe ; le principe oligarchique bourgeois, principe de caste faux, égoïste, en pleine dissolution, soit ; nous n'en disconvenons pas ; mais principe qui ne peut être, remplacé que par la superposition d'un autre principe acclamé par la masse.

Or, cette acclamation, le socialisme ne l'a pas encore reçue, parce qu'il n'est pas encore assez connu ; ce n'est pas en massacrant des hommes qu'il fera avancer d'un pas la question. S'insurger contre les faits, c'est risquer d'avoir en armes, devant soi, ceux-là mêmes qu'on cherche à délivrer.

S'insurger ainsi et être vainqueur, c'est donner à ses adversaires un rôle de victime. S'insurger ainsi et être vaincus, c'est perdre, sans profit, la meilleure partie de son armée et retarder indéfiniment la propagation de ses idées.....

La vraie force est la force morale que dégage la raison. Les seules armes invincibles, nous les possédons, elle résident toutes dans le droit de parler, le droit d'écrire et le droit de voter. Avec elles, la violence inféconde n'a plus de raison de s'exercer.

CONCLUSION

Parmi les nombreuses conclusions pratiques, qu'il serait possible de tirer de l'analyse à laquelle nous venons de nous livrer, nous nous contenterons d'en indiquer une seule, d'une lumineuse simplicité, qui renferme toutes les autres.

Nous avons représenté notre époque, achevant péniblement la phase déclinante du Capitalisme ou Bourgeoisisme et vivement pressée par une autre phase qui se prépare : le Socialisme.

Le capitalisme est connu ; c'est le présent, nous le voyons à l'œuvre. Nous avons laissé le socialisme dans une sorte de pénombre vague, sans préciser les détails, nous contentant d'en tracer les lignes générales,

Cette abstention était préméditée ; d'abord, parce que nous ne voulons pas faire œuvre de sectaire; et qu'ensuite, il est impossible de prévoir vers qu'elle conception socialiste se portera l'avenir.

Ajoutons: que si nous croyons fermement qu'on peut trouver dans chaque école des idées fécondes et progressives, nous croyons tout aussi fermement qu'aucune école n'est en possession de la formule complète qui régénérera la société.

Le socialisme pour nous, est un des plus puissants facteurs du progrès ; c'est pour cela qu'il doit être dégagé de tout exclusivisme d secte. Le progrès ne s'enferme pas dans un système ; le progrès marche et on le suit.

Socialisme et Capitalisme se disputent, avons-nous dit, la faveur du suffrage universel. C'est là que se concentre la lutte.

Nous avons analysé en détail toutes les couches, qui composent le suffrage universel.

En tant qu'impulsion morale, nous avons constaté partout, un sentiment prédominant qui est l'égoïsme. — Egoïsme de classe basé sur l'égoïsme individuel.

Quant à la valeur intellectuelle, nous avons trouvé presque partout l'ignorance, l'indécision et la mobilité ; excepté cependant, chez les classes dites supérieures, ou classes dirigeantes qui sont instruites et savent ce qu'elle font et ce qu'elle veulent.

Nous avons constaté que cette supériorité d'instruction ne les rend ni plus morales, ni moins égoïstes, et qu'elles n'ont pas comme les classes prolétariennes l'excuse de l'ignorance.

Au point de vue du classement, la statistique nous démontre que 17,5 pour cent de la population politique est résolument réactionnaire ; 18,5 pour cent, est non moins résolument progressiste. Nous avons même vu que cette fraction est plus souvent poussée par la passion, que par une conviction raisonnée et serait capable d'aller jusqu'à la révolution violente ; 64,5 pour cent est sans foi politique précise et oscille entre les deux extrêmes sans se fixer définitivement d'aucun côté.

Nous avons exposé l'inanité des moyens révolutionnaires, et l'action rétrograde de la violence.

Le bilan social est celui-ci : machiavélisme en haut, ignorance croissante au fur et à mesure qu'on descend les degrés des couches électorales.

Donc, de quelque côté que nous envisagions la question, au point de vue pratique aussi bien qu'au point de vue doctrinal, nous sommes constamment ramenés à cet unique moyen : Travailler à l'éducation du suffrage universel, tous les progrès devant naturellement découler de l'entier accomplissement de cette éducation.

Telle est notre conclusion unique.

Ce qu'il faut faire tient tout entier dans ces trois mots : ***Etudier***, ***Moraliser***, ***Instruire***.

FIN

TABLE DES MATIÈRES

Paris, typ. et lith. de M. Décembre, 326, rue de Vaugirard.

www.ingramcontent.com/pod-product-compliance
Ingram Content Group UK Ltd.
Pitfield, Milton Keynes, MK11 3LW, UK
UKHW020250250726
13967UKWH00004B/1598